人事法詳解　全

田山卓爾著

明治四十三年再版

人事法詳解 全

日本立法資料全集 別巻 1428

信山社

東京地方裁判所判事
田山卓爾著

人事法詳解　全

明治大學出版部發行

凡例

一　本書は主として戸籍事務に從事する者及ひ一般の人の坐右に供することを目的とし人事に關する法令の全體を解說することに努めたりと雖も徒に深遠なる法理を說き又難解なる疑問を擧けて論議することは實際上必要なきを以て一切之を避けたり

一　本書中に收めたる各種の書式は成るへく實際に發生すへき場合を想像して之を揭けたれとも尙此書式中に漏れたるものに付ては各本文の說明及ひ類例の書式を參照せは容易に其書式を知ることを得へし

一　本書中に用ひたる（民、）は民法、（民施、）は民法施行法、（戶、）は戶籍法、（人訴、）は人事訴訟手續法、（非訟、）は非訟事件手續法の略にして其括弧內の數字は法文の條項を示したるものなり例へは（民、九〇二ノ二）は民法第九百二條第二項の略なるか如し

目次

頁数

目次畢

書式索引

書式索引　畢

人事法詳解

田山卓爾著

緒言

人の身分に關する法律は民法第四編第五編人事訴訟法非訟事件手續法又は戸籍法等其種類極めて多く孰れも浩澣なる大法典なるを以て之に精通することは容易の業に非らす盖他の財産法の研究と異り人の身分に關する法律關係は甚しく複雜を極め然かも多年の慣習と愛情とを基礎とするもの多きを以て單に理論のみに依り之を解釋すること能はされはなり故に人事に關する法律の研究は往々にして專門學者に於ても困難を訴ふる所なりと雖も其適用を受くへき領域は極めて廣汎にして吾人か出生、死亡、婚姻、離婚、養子縁組、離縁、相續等苟も身分に變狀を生したる場合に於て當然其適用を受け凡そ人たる以上は必す其支配を受けさるもの莫きを以て人事に關する法律は吾人か國民として一日も忽諸に付すへからさるものと謂ふへし

本書に於ては吾人か身分に關し日常必す遺忘すへからさる法律の大體を説明し殊に人の身分に關する狀態は常に戶籍に登錄すへきものにして其戶籍の基礎は一に當事者の屆出に待つもの多きを以て其屆出に關する手續をも一目瞭然たらしめんか爲め總ての場合に於ける屆出及ひ申請の方式を網羅することに努めたり

第一章　親族の範圍

法律上親族と稱するは普通親類又は親戚と稱するものと其意義及ひ範圍を異にするを以て人事に關する總ての法律を研究するに付ては先つ親族の範圍を明にするの要あり法律上親族の範圍は左の如し（民、七二五）

第一　六親等內の血族

血族とは共同の始祖より出てたるものにして血統の關係あるものを謂ひ其共同始祖より出てたる者の間に存する關係を血族關係と稱するなり故に苟も血統の關係ある以上は家を同ふす

ると否とを問はす總て血族なり例へは兄弟姉妹は各同一の始祖より出てたるものなれは婚姻又は養子緣組等に因り他家に出つるも其血族關係は消滅することなきか如し然れとも親族と稱せらるゝ血族は六親等內に限らるゝを以て此以外に屬する血族は固より親族に非さるなり尙親等の計算方法は次に述ふへし

養子と養親及ひ其血族との間に於ては實際血統の連續なき場合に於ても法律上養子緣組の日より血族間に於けると同一の親族關係を生するものとす（民、七二七）故に例へは養子と養親とは實親子の關係を生し養子と養親の父母とは祖父母の關係又養親の兄弟姉妹とは伯叔父母の關係を生するか如し又玆に養子緣組の日とは養子緣組の屆出を爲したる日にして單に其儀式を擧けたる日に非らす養子と養子及ひ其血族との間に以上の親族關係を生することは實に法律の擬制にして固より自然の狀態に非らさるを以て此親族關係は養子か離緣になりたるときは當然消滅し又養親か元來養子緣組又は婚姻に因り其家に入りたる場合に於て養親か其家を去りたるときは其養親及ひ其實方の血族と養子との親族關係は之に因りて消滅するものとす例へは甲か或家に養子となりたる後更に乙を自己の養子をなしたるときは其日より甲と乙との間には親族關係を生し同時に甲の實方の血族及其養子の血族との間にも亦親族關係を生すへきも其後に至り甲か離縁其他に因りて養家を去りたるときは甲と乙との親族關係及ひ甲の實方の血族と乙との親族關係は當然消滅すへきか如し但此例に於て乙と養家の血族との關係は依然として存續すへきこと勿論なり又養子の配偶者、直系卑屬又は其配偶者か養子の離緣に因りて之と共に養家を去りたるときは其者と養親及ひ其血族との親族關係は之に因りて消滅するものとす配偶者とは夫婦の一方より他の一方を稱するの語にして直系卑屬とは自己より直下する血族にして例へは子、孫、曾孫及ひ其以下の者を謂ふ右の例に於て甲か養家に於て丙なる實子を擧けたる場合に於て丙か甲と共に其家を去りたるときは甲と養家の血族との親族關係か消滅すると同時に丙と養家の血族との親族關係も消滅するものとす尙右の例に於て甲か養家の本家相續を爲し分家を爲し又は廢絕家を再興する爲め養家を去りたるときは右に述へたる親族關係は消滅せさるなり（民、七三〇、七三一）

繼父母と繼子又嫡母と庶子との間に於ても法律上親子間に於けると同一の親族關係を生するものとす（民、七二八）繼父母とは家に在る父又は母の配偶者を謂ひ繼子とは家に在る配偶者の子を謂ひ又嫡母とは庶子か父の正妻に對するの稱、庶子とは父か認知したる私生子を謂ふなり此等の者の間には實際血統の關係なきものなれとも法律の擬制に因りて親子と同一の親族關係を生するなり然れとも此親族關係は繼父母と繼子及ひ嫡母と庶子との間に生するに止り繼子の子孫又は庶子の子孫との間には決して親族關係を生せさるなり繼父母と繼子及ひ嫡母と庶子との親族關係は父母の離婚又は其一方か死亡したる場合に於て他の一方か其家を去りたるときは當然消滅するものとす（民、七二九）但殘存したる父母の一方か本家相續、分家及ひ廢續家再興の爲め其家を去りたるときは右に述へたる親族關係は消滅せさるものとす（民、七三一）

第二　配偶者

配偶者とは夫婦の一方より他の一方を稱する語にして夫より云へは妻は配偶者にして妻より云へは夫は配偶者なり而して夫婦の間には常に親族關係あるものとす但離婚又は婚姻の取消ありたる後は配偶者に非らさるを以て親族ならさること勿論なり

第三　三親等內の姻族

姻族とは婚姻に因りて夫婦の一方と其配偶者の血族との間に生する關係を謂ふ故に姻族關係と云ふは夫婦の一方と其配偶者の血族との關係に止り夫婦雙方の血族と血族との間に及ふものに非らす例へは甲男乙女と婚姻したるとき甲男と乙女の血族との間及ひ女と甲男の血族の

間には姻族關係を生すれとも甲男の血族と乙女の血族との間には姻族關係を生せす故に甲男の父母と乙女の父母とは親族に非さるなり

又姻族は三親等內に限り親族なるを以て此以外の姻族は法律上親族と稱すること能はす親等の計算方法は次に述ふる所に依り知るへし

姻族關係も亦婚姻の取消及ひ離婚に因りて消滅するものとす故に婚姻に因りて生したる姻族關係は總て婚姻の取消又は離婚に因りて消滅し其後に於ては固より親族關係あるものに非らす然れとも夫婦の一方か死亡するも生存配偶者と死亡したる配偶者との姻族關係は消滅することなし只其生存配偶者か其家を去りたるときに於て初めて其姻族關係か消滅するに過きさるものとす但し生存配偶者か本家相續、分家及ひ廢絕家再興の爲め其家を去るときは姻族關係は消滅することなし(民、七二九、七三一)

次に親等の計算方法を述ふへし蓋六親等內の血族及ひ三親等內の姻族に限り親族となるものなるを以て親等の計算方法を明にするにあらされは親族の範圍を知ること能はされはなり

親等は親族間の世數を算して之を定め傍系親の親等を定むるには其一人又は其配偶者より同始祖に遡り其始祖より他の一人に下るまての世數に依るものとす(民、七二六)即ち直系親の親等を定むるには自己より上又は下に距る者の間に存する世數に依るものにして例へは父母は一等親、祖父母は二等親又子は一等親、孫は二等親なるが如し又傍系親の親等を定むるには自己又は其配偶者と共同の始祖を有する者に遡り其始祖より下りたる世數の數に依り定むるものにして例へは自己と兄弟姉妹の共同始祖は父母なるを以て其間の親等一等と父母より兄弟姉妹に下る親等一等を加へ自己と兄弟姉妹との親等は二等なるを知るへきが如し尙親等の計算方法は圖に依り說明するを便とするを以て詳細は左の圖によりて之を知るへし

姻族の親等を計算するには自己と配偶者とを同一位となし以上に述へたる法則に從ひ之を算定するものとす例へは配偶者の父母は自己の一等親、配偶者の兄弟姉妹は自己の二等親なるか如し

圖中複線を以て示したるは直系親にして單線を以て示したるは傍系親なり又數字は親等の數を示したるものなり而して血族に在りては左に揭くる六親等內の者皆親族なれとも姻族に在りては左に揭くるものゝ內三親等內の者に限り親族たることは既に說明したる所なり

親等計算圖

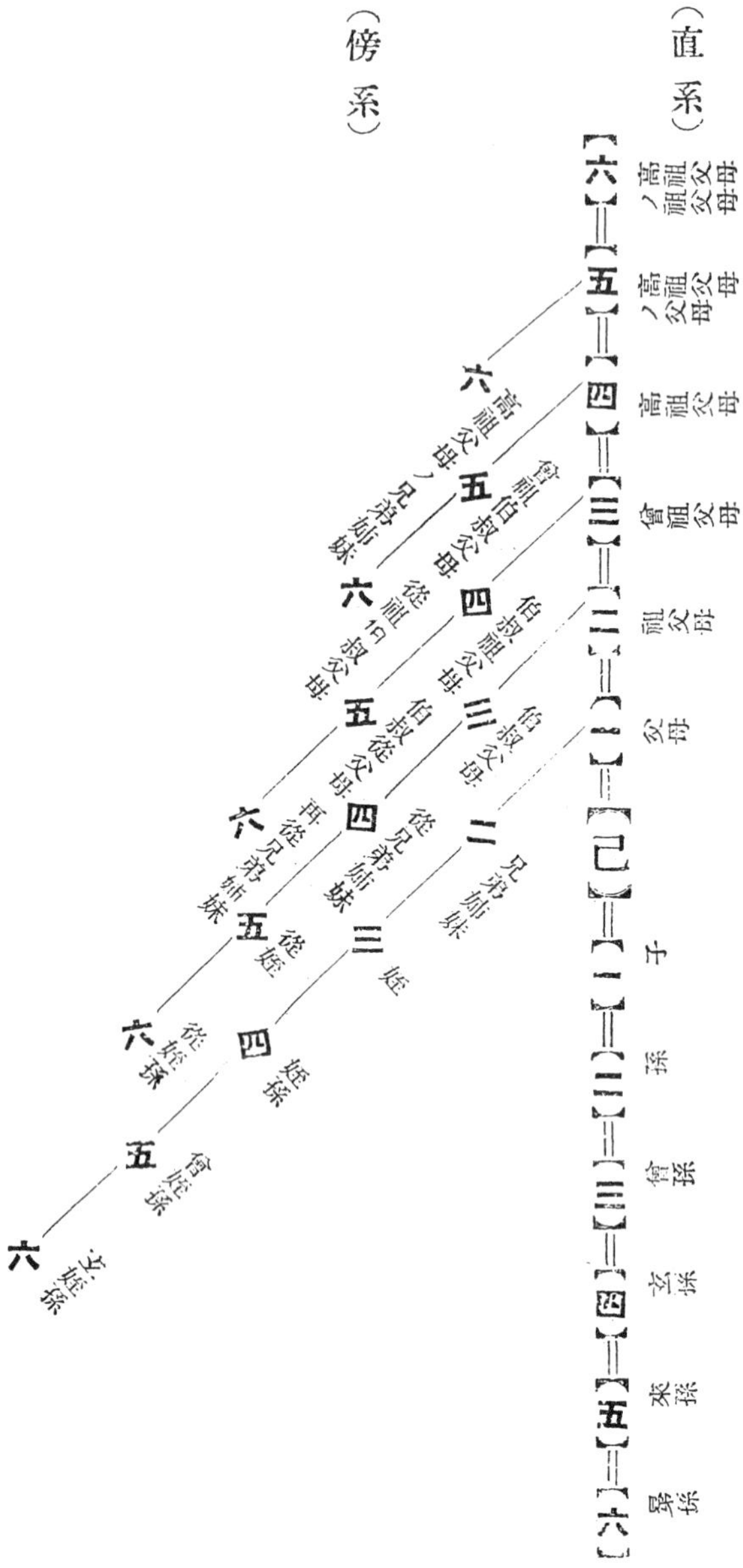

第二章　身分に關する屆出の通則

人の身分に關し出生、死亡、婚姻、離婚、養子縁組、其他離緣等種々なる變狀を生したるときは一定の期間内に必す戸籍役場へ其届出を爲すことを要し其届出を爲さゝるときは場合に依り二十圓以下の過料に處せられ自己又は他人の利益を圖り若くは他人を害する目的を以て詐欺の届出を爲したる者は十一日以上四年以下の懲役又は二圓以上百圓以下の罰金に處せらるゝものとす

各市區町村には必す戸籍役場なるものありて吾人の戸籍を取扱ひ苟も身分に關する届出ありたるときは直に其届出の趣旨を戸籍簿に記載すへきものなるを以て吾人か完全なる戸籍を得んとするには一に其届出に注意して過誤なきことを期せさるへからす

本書に於ては吾人か身分に關して届出を爲すに當り必要なる法律の規定を説明し併せて其書式の一斑をも網羅せんとす

第一節　届出の管轄

第一　原　則

身分に關する届出は其届出人の本籍地の戸籍吏に之を爲すことを要するものとす（戸、四二）

届出人とは其届出を爲すへき人の謂ひにして或は戸主なることあり或は戸主ならさる父又は

母なることあり屆出事件の如何に依り屆出人も亦同一ならさるを以て詳細は第三章以下の說明を參照すへし

第二　例　外

身分に關する屆出は其屆出人の本籍地の戶籍吏に之を爲すへきこと上述の如しと雖も此原則に對しては數個の例外あり卽ち左の如し

一　屆出人か本籍地外に在る場合　屆出人か本籍地に在るときは其戶籍吏に對し直に屆出を爲すことを得へしと雖も屆出人か本籍地外に在るときは態々本籍地の戶籍吏に其屆出を爲すことは極めて不便なること多きを以て法律は斯る場合に於ては其屆出人の所在地の戶籍吏に屆出を爲すことを得るものとせり（戶、四二ノ一、但）故に例へは大阪市に本籍を有する者か東京市に寄留中出生、死亡、婚姻其他身分上の屆出を爲すへき場合には屆書を東京市内の戶籍役場に提出すれは足り特に大阪市内の戶籍役場へ送付することを要せさるなり但屆出人か本籍地外に寄留する場合と雖も其本籍地の戶籍吏に屆出を爲すことを得るは勿論なり例へは隣町村に寄留中の者か屆出を爲さんとするには却て本籍地の戶籍吏に屆出を爲すを便とする場合の如きは固より本籍地の戶籍吏に屆出を爲すことを妨けさるなり

二　届出人か本籍を有せさる場合　届出人か本籍を有せさる場合は現今に於ては其例固より多からさるへしと雖も出生届出の缺漏又は戸籍吏か出生届の登錄を遺脫したる如き場合に於ては實際本籍を有せさる者なきにあらす斯る場合に於て其者か身分に關する届出を爲さんとするには本籍地の戸籍吏に之を爲すこと能はさるを以て其者の所在地を以て本籍地と看做し其所在地の戸籍吏に届出を爲すことを得るものとせり（戸、四二ノ二）

三　届出人か外國に在る場合　外國に在る日本人か届出を爲すへき場合に於ては其國に駐在する日本の公使又は領事に届出を爲すことを得るものとす（戸、五九）

四　届出の管轄に付き特別の規定ある場合　届出の管轄に付き特別の規定ある場合は其例極めて多し例へは出生、養子緣組、婚姻、後見、家督相續の届出其他身分登記變更の申請の如し是等の點に付ては第三章以下に至りて說明すへし

第二節　届出の方式

身分に關する届出は書面を以て之を爲すことを要するも例外として正當の事由あるときは届出人は戸籍吏に其理由を陳述し口頭にて其届出を爲すことを得るものとす（戸、四三）本節に

於ては書面を以てする場合と口頭を以てする場合の屆出の方式を概說せんとす其詳細に至りては第三章以下の說明を參照すへし

第一　屆書の方式

屆書には左の事項を記載し屆出人之に署名捺印することを要す（戶、四四）

一　屆出事件

二　屆出の年月日

三　屆出人の族稱、職業、出生の年月日及ひ本籍地

四　屆出人と屆出事件の本人と異なるときは其間の續柄（戶、四五）

五　屆出人か家族なるときは戶主の氏名及ひ屆出人と戶主との續柄（戶、四五）

六　屆出を爲すへき者か未成年者又は禁治產者なる爲め親權を行ふ者又は後見人か屆出を爲すときは未成年者又は禁治產者の氏名、族稱、出生の年月日及ひ本籍地、無能力の原因、屆出人か親權を行ふ者又は後見人たること（戶、四六）

七　證人を要する事件の屆出に付ては證人は其屆書に其證人たること、出生の年月日、職業及ひ本籍地を記載して署名捺印すること（戶、四八）

八　届出人、届出事件の本人又は届出の證人か本籍地外に在るときは届書に其所在地を記載することと（戸、四九）

九　以上の外各届書に關し特別の規定ある事項の記載を爲すこと（第三章以下參照）

以上（一）より（九）に掲けたる事項は必す届書に記載することを要するものにして若し該記載事項中其事實の存せさるもの又は知れさるものあるときは其旨を届書中に記載することを要し又各届出事件に付き特に重要なる事項は必す届書に記載すへきものとす（戸、五〇）然れとも届書の記載を爲すには略字又は符號を用ひす字畫を明瞭にし年月日時及ひ年齡を記する數字には一二三十の文字を用ひすして壹貳參拾の文字を用ふへく又届書の文字は之を改竄せす若し訂正、挿入又は削除を爲したるときは其字數を欄外に記載し又は文字の前後に括弧を附し届出人之に認印し其削除に係る文字は尙明かに讀得へき爲め字體を存することを要するものとす（戸、五二、二九）

第二　届書を添付すへき書類

届書は普通の場合に於ては前項（一）より（九）に掲けたる事項を記載し之を戸籍吏に提出するを以て足れりと雖も特別の場合に於ては其届書に他の書類を添付することを要すること

あり之を列記すれは左の如し

一　禁治産者か自ら屆出を爲す場合に於ては其者か屆出事件の性質及ひ效果を理會するに足るへき能力を有することを證すへき醫師の診斷書を屆書に添ふること（戶、四七）

二　屆出事件に付き第三者の同意、承諾又は承認を要する場合に於ては其第三者の同意書、承諾書又は承認書を屆書に添ふること（戶、五六）

三　屆出事件に付き官廳の許可を要するときは屆書に其許可書の謄本を添ふること（戶、五七）

第三　口頭の屆出

屆出人か正當の事由に依り屆書を作成すること能はさるときは屆出人は戶籍吏の面前に出頭して其理由を陳述し口頭にて其屆出を爲すことを得此場合に於ては戶籍吏は直に其口述竝に屆出の年月日、屆出人の氏名、出生の年月日、職業及ひ本籍地を筆記し之を屆出人に讀聞かせ且屆出人をして之に署名捺印せしむることを要するものとす（戶、五四）

第三者の同意、承諾又は承認を要する屆出事件に付き其第三者か書面を以て同意、承諾又は承認したることを證明すること能はさるときは屆出人と共に戶籍吏の面前に出頭し口頭を以て其證明を爲すことを得此場合に於ても戸籍吏は其第三者の口述其他を筆記し之を其第三者に讀聞かせ且第三者をして署名捺印せしむることを要するものとす（戸、五六）

第四　署名捺印の方法

屆出人其他の者か書類に署名捺印を要する場合に於て其者か印を有せさるときは署名するを以て足る署名すること能はさるときは名を代書せしめ捺印するを以て足る若し署名すること能はす且印を有せさるときは名を代書せしめ拇印するを以て足るものとす但是等の場合に於て捺印せす又は代書せしめ若くは拇印したる場合に於ては其事由を書面に附記することを要す（戸、二一八）

右に述へたる代署の規定は婚姻、離婚、養子緣組及ひ養子離緣の屆書には適用せられさるを以て是等の屆書には屆出人及ひ證人か必す自署することを要するものとす故に自筆すること能はさる者は口頭にて屆出を爲すの外なし

第五　屆出の代理

屆出は書面を以てすると口頭を以てするとを問はす屆出人か自ら戸籍吏の面前に出頭して爲すことを要するものなれとも若し屆出人か疾病其他の事故に依り自ら戸籍吏の面前に出頭す

ること能はさるときは代理人を差出して其屆出を爲すことを得るものとす但此場合に於ては屆出人は委任狀を作成し代理人をして其代理權限を證明せしめさる可からす（戶、五八）

第六　屆出期間の計算

身分に關する屆出は孰れも一定の期間あること第三章以下に揭くる如し而して其期間を誤り期間內に屆出を爲さゝるときは次に述ふる如く科料に處せらるゝものなるを以て屆出人は常に其期間を懈怠せさることに注意せさる可からす

各屆出事件に付ての期間は第三章以下に揭くるを以て茲には只期間の計算方法を說明せむ

一　屆出期間は屆出事件の發生したる日より起算す（戶、六二）故に屆出事件の發生したる日か滿一日に滿さるときと雖も尙一日として計算せらるゝものとす例へは一月一日午後十一時に子の出生ありたるときは一月十日午後十二時迄に其屆出を爲すへきか如し（戶、六八）

二　裁判確定の日より期間を計算すへき場合に於て屆出義務者か裁判の送達又は交付を受くる前裁判か確定したるときは其送達又は交付を受けたる日より起算す

三　期間を定むるに時を以てしたるときは卽時より之を起算す（民、一三九）故に例へは一

月一日午前五時に棄兒を發見したる者は一月二日午前四時五十九分迄に其旨の屆出を爲すへきか如し（戸、七五）

四　期間を定むるに月を以てしたる屆出事件に付ては暦に從ひて之を算す又月の始より期間を起算せさるときは其期間は最後の月に於て其起算日に應當する日の前日を以て滿了す但最後の月に應當日なきときは其月の末日を以て滿期日とす（民、一四三）故に例へは家督相續に因り戸主となりし者か一月一日に其事實を知りたるときは一月三十一日迄に家督相續の屆出を爲すへく一月十日に其事實を知りたるときは二月九日迄に其屆出を爲すへく又一月三十日に其事實を知りたるときは二月二十八日（閏年は二月二十九日）迄に其屆出を爲すへきか如し（戸、一三三）

第三節　罰則

身分又は戸籍に關する屆出又は申請を爲すへき者か法定の期間内に其屆出又は申請を怠りたるときは十圓以下の過料に處せられ又期間内に屆出又は申請を爲さゝるに因り戸籍吏か期間を定めて屆出又は申請の催告を爲したる場合に於て尙ほ其屆出又は申請を怠りたる者及ひ二回以

上戸籍吏の催告に應せさる者は二十圓以下の過料に處せらるゝものとす（戸、二一〇、二一一）自己又は他人の利を圖り若くは他人を害する目的を以て身分又は戸籍に關し詐僞の屆出若くは申請を爲したる者は十一日以上四年以下の懲役又は二圓以上百圓以下の罰金に處せらるゝものとす故に例へは十日内に屆出へき出生屆を怠り前述の過料を免るゝ爲め出生の日時を遲延せしめて詐僞の屆出を爲すか如きは屢〻聞知する所なれとも斯る所爲は右の如く重刑に該當するものなるを以て何人と雖も常に屆出期間を恪守して斯の如き罰則に觸れさることに注意せさるへからす

第三章　戸主及ひ家族

第一節　戸主及ひ家族の意義

第一　戸主

戸主は一家の主宰者にして家あれは必す戸主ありて其家族を統御し且之を保護するの權利及ひ義務を有するものとす茲に家とは單に吾人か居住する家屋の義に非らすして法律上の家籍を謂ふ或は戸籍と解するも可なり

戸主は一家存立の要素にして一日も戸主なき家を存すること能はす而して戸主たる身分を取得する原因は前戸主の死亡、隱居、國籍喪失、婚姻又は養子緣組の取消に因りて其家を去りたるとき及ひ女戸主か入夫婚烟を爲し又は入夫の離婚したる場合に於て其家督相續人か家督相續を爲したる場合と分家又は廢絶家再興其他一家創立等の場合にして此等の場合に於ては其相續人、分家又は再興者若くは一家創立者は新に戸主たる身分を取得するものとす

女戸主か入夫婚姻を爲したるときは入夫は其家の戸主となり女戸主は戸主たる身分を喪失すること上述の如しと雖も若し當事者か婚姻の當時反對の意思を表示したるときは女戸主は依然戸主たる身分を維持し入夫は其家族となるものとす（民、七三六）

第二　家　族

家族とは戸主の親族にして其家に在る者及ひ其配偶者を謂ひ戸主の變更ありたる場合に於ては舊戸主及ひ其家族は新戸主の家族たるものとす故に家族には左の三種類あること明かなり

一　戸主の親族にして其家に在る者

親族の意義及ひ其範圍は前章中に説明したる如く六親等内の血族、配偶者及ひ三親等内の姻族を謂ふものなるを以て此等の者に非されは戸主と同一戸籍に在るも家族に非らす又戸

主の親族なるも戸主と同一戸籍に非されは固より家族に非さるなり
而して子は父の家に入り父の知れさる子は母の家に入る又家族の庶子及ひ私生子は戸主の同意ある場合には其家に入り又庶子か父の家に入ること能はさるときは母の家に入るものなるを以て此等の子は其入りたる家の家族となるに至るへし（民、七三三、七三五）尚親族入籍の説明を看るへし

二　戸主の親族の配偶者にして其家に在る者
戸主の親族の配偶者と雖も其配偶者は戸主の親族ならさること多し斯る場合に於ても戸主の家に在る以上は其家族たるものとす

三　戸主變更の場合に於ける舊戸主及ひ其家族
戸主か家督相續其他に因り變更を生したるときは其舊戸主は新戸主の家族となり其舊戸主の家族は新戸主の家族となるものにして新戸主と親族の關係あると否とを問はさるものとす

第三　親族入籍
親族入籍とは戸主の親族にして他家に在る者か其家に入籍し又婚姻又は養子縁組に因りて他

家に入りたる者か自己の親族を婚家又は養家の家族となし婚家又は養家を去りたる者か其家に在る自己の直系卑屬を自家の家族となす場合を總稱したるものとす

一　戸主の親族にして他家に在る者は何時にても戸主の同意を得て其家族となることを得るも其者が他家の戸主なるときは隱居又は廢家を爲すことを要し其者か他家の家族なるときは其家の戸主の同意を得ることを要するものとす尚其家族とならんと欲する者か未成年者なるときは親族を行ふ父若くは母又は後見人の同意を得ることを要す（民、七三七）

二　婚姻又は養子縁組に因りて他家に入りたる者か其配偶者又は養親の親族に非さる自己の親族を婚家又は養家の家族と爲さんと欲するときは前項に述へたる各戸主の同意を得る外其配偶者又は養親の同意を得ることを要するものとす又婚家又は養家を去りたる者か其家に在る自己の直系卑屬を自家の家族と爲さんと欲するときも亦同樣なり（民、七三八）

以上に揭けたる親族入籍の場合に於ては總て戸籍吏に對し其屆出を爲すへきこと後に述ふる所なり

第二節　入籍及ひ其屆出

前節に於て說明したる如く家族の庶子及ひ私生子か戸主の同意を得て其家に入り一の家族となるとき前節第三に掲けたる親族入籍の場合に於ては孰れも其旨を戸籍吏に届出つることを要するものとす

第一　届出の管轄

右入籍の届出は届出人の本籍地又は所在地の戸籍吏に之を爲すことを得るものとす其何れを選むも届出人の隨意なり

本籍地に届出を爲すへき場合に於て届出人と入籍すへき家の戸主とか同一戸籍吏の管轄内に本籍を有するときは届書は一通にて足るも本籍を異にする場合には二通を要す又所在地に届出を爲すへき場合に於て届出人と入籍すへき家の戸主とか本籍地を同ふするときは届書は二通を要し本籍地を異にするときは三通を要するものとす

第二　届出の要件

入籍の届出には左の諸件を具備することを要するものとす（戸、一四六）

一　入籍すへき家の戸主の氏名、出生の年月日、職業及ひ本籍地

二　入籍すへき家の戸主又は家族と入籍すへき者との親族關係

三　入籍すへき者か廢家して他家に入るときは其旨
四　入籍すへき者か家族なるときは其去るへき家の戸主の氏名、出生の年月日、職業、本籍地及ひ其戸主と入籍すへき者との續柄
入籍を爲すに付き必要なる戸主、配偶者、養親、親權者又は後見人の同意は同意者の同意書を屆出に添附し又は同意者をして屆書に同意の旨を附記せしむることを要するものとす(戸、一四七)
尙屆出の方式に關しては第二章通則の説明及ひ左の書式を看るへし

第一例

●戸主の親族にして他家の家族たる者か戸主の家に入籍する場合の屆書式

入籍屆（用紙半紙　屆書一通）

東京市深川區永堀町七番地
戸主理髮職
入籍スヘキ家ノ戸主　染谷理作
生年月日

東京市小石川區小石川町貳拾番地
戸主籠職平八(生年月日)長男亡甚藏妻
平民無職業
父染谷茂市
母この　長女
入籍スヘキ者　理作姉　前川とわ
生年月日

右入籍候間此段及御届候也
明治　年　月　日
前川とわ㊞
東京市小石川區戸籍吏何　某殿

右入籍ニ同意ス
入ルヘキ家ノ戸主　染谷理作㊞
去ルヘキ家ノ戸主　前川平八㊞

第二例

◉廢家者か他家に入籍する場合の屆書式

入籍屆（用紙半紙 屆書二通）

千葉縣安房郡九重村五拾八番地

戶主農

入籍スヘキ家ノ戶主　橋本岩吉

生年月日

千葉縣長生郡二川村參百〇五番地

廢家元戶主平民農

父亡橋本周平

母あき

三男

入籍スヘキ者　岩吉弟　久松義助

生年月日

父芳川作平

母すま

三女

夫ニ從ヒ其家ニ入ル　妻　無職業　けふ

生年月日

父ニ従ヒ其家ニ入ル　長男　無職業　仙太
生年月日

右廢家ノ上入籍候間此段及御届候也

明治　年　月　日　久松義助㊞

長生郡二川村戸籍吏何　某殿

右入籍ニ同意ス　橋本岩吉㊞

第三例

◉婚家に在る者か夫の親族に非さる自己の親族を婚家に入籍せしむる場合の届書式

入籍届（用紙半紙届書二通）

福島縣田村郡二瀬村四番地戸主平民無職

松尾菊市（生年月日）長男峯藏

妻　無職業　松尾みよ

生年月日

福島縣大沼郡鶴ノ邊村參拾七番地

戸主農半七(生年月日)甥農

父亡小口倫吉 長男
母亡　りの

入籍スヘキ者　みよ從弟　小口七藏

明治年月日生

屆出人　松尾みよ㊞

年月日生

右入籍候間此段及御屆候也

明治　年　月　日

田村郡二瀬村戸籍吏何　某殿

右入籍ニ同意ス

入ルヘキ家ノ戸主　松尾菊市㊞

去ルヘキ家ノ戸主　小口半七㊞

生年月日

みよノ夫　松尾峯藏㊞
生年月日

第四例

㊥養家を去りたる者か自己の直系卑屬を自家に入籍せしむる場合の屆書式

入籍屆（用紙半紙 屆書二通）

東京府北豊島郡若葉町四番地
戸主農
入籍スヘキ家ノ戸主　五月女左之吉
生年月日

東京府豊多摩郡澁谷廣尾町六番地
戸主農酉藏（生年月日）元婿養子國助
長女
父五月女國助 母はつ　長女

入籍スヘキ者　左之吉孫　向井なを

明治　年　月　日生

東京府北豐島郡若葉町四番地
戶主農左之吉三男平民農
屆出人　父　五月女國助
生年月日

某殿

入ルヘキ家ノ戶主　五月女左之吉㊞
去ルヘキ家ノ戶主
前養父　向井酉藏㊞
生年月日
前養母　向井きち㊞
生年月日

右入籍候間此段及御屆候也
明治　年　月　日

北豐島郡若葉町戶籍吏何

右入籍ニ同意ス

第三節　離籍及ひ復籍拒絶

第一　離籍

離籍は戸主權の一作用にして戸主は左の場合に於て其家族を離籍し自己の家籍より除去することを得るものとす

一　家族か戸主の指定したる地に居所を轉せさる場合

家族は戸主の意に反して其居所を定むることを得さるを原則とす然るに家族か此義務に違反し隨意に居所を定めたるときは戸主は相當の期間を定め其指定したる場所に居所を轉すへき旨を催告し若し家族か其催告に應せさるときは戸主は其家族を離籍することを得るものとす但其家族か未成年者なるときは此限に在らす（民、七四九）

二　家族か戸主の同意を得すして婚姻又は養子緣組を爲したる場合

家族か婚姻又は養子緣組を爲すには戸主の同意を得ることを要するものとす然るに家族か戸主の同意を得すして婚姻又は養子緣組を爲したるときは戸主は其婚姻又は養子緣組の日より一年内に其家族を離籍することを得るものとす（民、七五〇）

以上の場合に於て家族か離籍せられたるときは其家族は一家を創立し其家の戸主となるものとす家族か戸主の同意を得すして養子を爲したる場合に於て離籍せられたるときは其養子は養親に從ひ創立したる家に入りて其家族となるものとす（民、七四二、七五〇ノ三）

第二　復籍拒絶

婚姻又は養子緣組に因りて一旦他家に入りたる者か離婚又は離緣となり婚家又は養家を去るへきときは當然實家に復籍し實家の家族となるを原則とす（民、七三九）只實家か廢家又は絕家となりて復籍を爲すこと能はさるときは一家を創立するに至るのみ此場合に於ても實家を再興することを妨けさるなり（民、七四〇）

然るに家族か婚姻又は養子緣組を爲すに付き戸主の同意を得すして他家に入りたるときは戸主は婚姻又は養子緣組の日より一年内に復籍を拒むことを得へく又婚姻又は養子緣組に因りて一旦他家に入りたる者か更に婚姻又は養子緣組に因りて他家に入らんと欲するときは婚姻又は養家及ひ實家の戸主の同意を得ることを要するに拘はらす其同意を得さるときは其同意を爲さりし戸主は婚姻又は養子緣組の日より一年内に復籍を拒むことを得るものとす（民、七五〇、七四一）

復籍を拒絶せられたる家族は離縁又は婚姻の場合に於て實家に復籍すること能はさるを以て離籍せられ家族と同しく一家を創立して其家の戸主となるものとす

第四節　離籍及ひ復籍拒絶の届出

戸主か家族を離籍し又は復籍を拒まんと欲するときは戸主より其旨を戸籍吏に届出つることを要し戸主は其届出を爲したるときは之に依りて直ちに離籍及ひ復籍拒絶の效力を生し他に何等の手續を要せさるなり

第一　届出の管轄

離籍及ひ復籍拒絶の届出は通則に從ひ届出人の本籍地又は所在地の戸籍吏に之を爲すことを要するものとす而して本籍地に届出を爲す場合に於ては届書は一通を以て足れるも所在地に届出を爲すときは届書二通を要するものとす

第二　届出要件

離籍の届出には左の諸件を具備することを要するものとす（戸、一四八）

一　離籍せらるへき者の氏名、出生の年月日及ひ職業

二　離籍の原因及ひ其原因發生の年月日
三　離籍せらるへき者と共に家を去るへき者あるときは其名、出生の年月日、職業及ひ其者と離籍せらるへき者との續柄
又復籍拒絶屆書には左の諸件を具備することを要す（戶、一五〇）
一　復籍を拒まるへき者の氏名、出生の年月日、職業及ひ本籍地
二　復籍を拒まるへき者か家族なるときは戶主の氏名、出生の年月日、職業及ひ本籍地
三　復籍拒絶の原因及ひ其原因發生の年月日
尙屆出の方式に關しては第二章通則の說明及ひ左の書式を參照すへし

第五　例

◉離籍屆書式

其一　居所不轉に因り離籍屆を爲す場合（用紙半紙屆書一通）

離　籍　屆

東京市麴町區四番町九番地戶主平民
上繪職平三郎弟無職業

梶川才助
生年月日

右才助ニ對シ明治　年　月　日戸主ノ指定シタル場所ニ居所ヲ轉スヘキ旨催告スルモ之ニ應セサルヲ以テ離籍候間此段及御届候也

明治　年　月　日

戸主　梶川平三郎㊞
生年月日

東京市麴町區戸籍吏何　某殿

第六例

◉離籍屆書式

其二　不同意婚姻に因り離籍を爲す場合（用紙半紙屆書一通）

離　籍　屆

東京市本郷區眞砂町拾番地
戸主平民糸物商平吉二男無職
平井駒吉

生年月日

駒吉ト共ニ家ヲ去ルヘキ者　妻無職業　つね

生年月日

右駒吉ハ明治　年　月　日戸主ノ同意ヲ得スシテ婚姻ヲ爲シタルニ因リ離籍候間此段及御屆候也

明治　年　月　日

戸主　平井平吉㊞

生年月日

東京市本郷區戸籍吏何　某殿

第七例

◉離籍屆書式

其三　不同意養子縁組に因り離籍を爲す場合（用紙半紙屆書一通）

離籍屆

東京市京橋區丸屋町七番地

戸主平民漬物商多一弟無職
江原音平
生年月日
音平ト共ニ家ヲ去ルヘキ者
音平妻無職業
たけ
生年月日

右音平ハ明治　年　月　日ハ戸主ノ同意ヲ得スシテ養子ヲ爲シタルニ因リ離籍候間此段及御届候也

明治　年　月　日

戸主　江原多一㊞
生年月日

東京市京橋區戸籍吏何某殿

第八例

◉復籍拒絶届書式

其一　不同意養子縁組に因り復籍を拒絶する場合（用紙半紙 届書一通）

復籍拒絶屆

東京市日本橋區小傳馬上町貳番地
講談師石川肇(嘉永貳年拾月八日生)
養子無職業
石川富八
生年月日

右富八ハ明治　年　月　日戸主ノ同意ヲ得スシテ養子ト爲リタルニ因リ復籍拒絶候間此段及御屆候也
明治　年　月　日
東京市神田區紺屋町九拾四番地
戸主平民染物業
富八實父　小坂久兵衛㊞
生年月日

東京市神田區戸籍吏何　某殿

第九例

◉復籍屆書式

其二　不同意婚姻に因り復籍を拒絶する場合（用紙半紙屆書二通）

復籍拒絶屆

東京市京橋區松川町七拾參番地
戸主小間物商岩吉（生年月日）長男
文藏妻無職業

板倉すて
生年月日

右すてハ明治　年　月　日戸主ノ同意ヲ得スシテ婚姻シタルニ因リ復籍拒絶候間此段及御屆候也

明治　年　月　日

東京市本郷區駒込東片町參拾九番地
戸主平民乾物商

所在地東京市小石川區金富町八番地
すて兄　加藤鶴吉㊞
生年月日

東京市小石川區戸籍吏何某殿

第五節　一家創立及ひ其屆出

第一　一家創立の意義

一家創立とは法律上入るへき家なき者か自ら一家を創立して其戸主となる場合を謂ふ法律上入るへき家なき場合を列擧すれは左の如し

一　父母共に知れさる子　主として棄兒の場合なり

二　私生子か母の家に入ること能はさるとき　庶子は父の家に入るへきも其戸主の同意なきときは母の家に入る若し母の家にも入ること能はさるときは一家を創立す

三　離婚又は離緣の場合に於て實家の廢絕　離婚又は離緣に因りて實家に復籍すへき者か實家の廢絕に因りて復籍を爲すこと能はざる場合なり此場合に於て其者は一家を創立するも

廢家又は絶家となりたる實家を再興することを妨けさるなり
四　離籍せられたる家族
五　復籍を拒まれたる家族か離婚又は離縁に因りて婚家又は養家を去るへきとき
六　戸主を失ひたる家に家督相續人なきとき卽ち絶家したる場合に於ける其家族
七　家族か爵を授けられたるとき
以上の場合に於ては其家族は入るへき家なきを以て各自一家を創立するものとす但夫か一家を創立したるときは妻は夫に隨ひて其家に入り又絶家の場合に於ては子は父に隨ひて其家に入り父か知れさるとき他家に在るとき又は死亡したるときは母に隨ひて其家に入るへきものとす
而して一家創立の場合に於ては孰れも其旨を戸籍吏に屆出つることを要するものとす然れとも一及ひ二の場合は出生屆、棄兒發見屆を爲すとき同時に其屆出を爲すへきものなるを以て各其章下に於て之を説明し本節に於ては右三乃至七の一家創立屆出に關し説明すへし

第二　屆出の管轄

一家創立の屆出は本籍地又は所在地の戸籍吏に之を爲すことを要するは通則に説明した

る如し

一家創立の屆出は之を本籍地に爲す場合には本籍地と創立地と同一戸籍吏の管轄内なるときは屆書は一通にて足るも其管轄を異にするときは屆書二通を要す又所在地に屆出を爲す場合には其所在地か創立地と同一戸籍吏の管轄内なるときは屆書二通を要し管轄を異にするときは屆書三通を要するものとす

第三　屆出の期間

離籍に因り一家を創立し又復籍拒絶若くは復籍すへき家の廢絶に因り復籍を爲すこと能はさる者か一家を創立し又絶家の家族にして一家を創立したるときは孰れも其事實を知りたる日より十日内に其屆出を爲すへきものとす

又戸主に非さる者か爵を授けられたる爲め一家を創立したるときは授爵の日より十日内に其屆出を爲すへきものとす

出生子か一家を創立する場合に關しては出生屆及ひ棄兒發見屆の期間に依るへし

第四　屆出の要件

離籍に因る一家創立の屆出には左の要件を具備することを要するものとす（戸、一四九）

一　離籍を爲したる戸主の氏名、出生の年月日、職業及ひ本籍地
二　離籍を爲したる戸主と届出人との續柄
三　離籍の原因及ひ年月日
四　届出人の家に入るへき者あるときは其名、出生の年月日、職業及ひ其者と届出人との續柄
又復籍拒絶若くは復籍すへき家の廢絶に因りて復籍を爲すこと能はさる者か一家を創立したるときは其届出には左の諸件を具備することを要するものとす（戸、一五一）
一　復籍を拒みたる戸主又は廢絶したる家の最終の戸主の氏名、出生の年月日、職業及ひ本籍地
二　復籍拒絶又は復籍すへき家の廢絶の原因及ひ年月日
三　届出人の家に入るへき者あるときは其名、出生の年月日、職業及ひ其者と届出人との續柄
又絶家の家族にして一家を創立するときは左の要件を具し絶家及ひ一家創立の届出を爲すことを要するものとす（戸、一五三）
一　絶家の最終の戸主の氏名、出生の年月日、職業及ひ本籍地
二　絶家の原因及ひ年月日

三　一家を創立したる者に隨ひて其家に入る者の名、出生の年月日及ひ職業
又家族か授爵に因り一家を創立したるときは其屆出に左の諸件を具備することを要するものとす（三八年三月法律六二號）
一　一家創立地
二　屆出人か家族たりし家の戸主の氏名、族稱、職業、本籍地及ひ其戸主と屆出人との續柄
三　屆出人の家に入るへき者あるときは其名、出生の年月日、職業及ひ其者と屆出人との續柄
四　屆出人及ひ其家族の父母の氏名、職業、本籍地及ひ父母との續柄
五　授爵の年月日
此屆書には辭令書の謄本を添付することを要す
尙屆出の方式に付ては第二章通則の說明及ひ左の書式を看るへし
第十例
◉一家創立屆書式
其一　離籍に因る一家創立の場合
離籍ニ因ル一家創立屆（用紙半紙屆書二通）

静岡縣引佐郡氣賀村八番地
戸主農
離籍ヲ爲シタル戸主　畑山小市
生年月日

静岡縣引佐郡奥山村六番地
戸主平民農
父　畑山十藏
母　イシ　二男
一家創立者　小市弟　畑山賢二
生年月日

右ハ戸主小市ノ指定シタル場所ニ居所ヲ轉セサル爲メ明治　年　月　日離籍セラレタルニ依リ肩書地ニ一家創立候間此段及御屆候也

明治　年　月　日

畑山賢二㊞

引佐郡奥山村戸籍吏何　某殿

第十一例

◉一家創立屆書式

其二　離籍に因る一家創立の場合

離籍ニ因ル一家創立屆　(用紙半紙 屆書二通)

東京市神田區松田町拾八番地

戶主醫師

離籍ヲ爲シタル戶主　山越統庵

東京市芝區西ノ久保巴町參番地

戶主士族藥種商

父 山越統菴
母 つな　二男

一家創立者　山越全良

生年月日

父 橋村直藏
母 とき　二女

夫ニ從ヒ其家ニ入ル妻無職業　つる

生年月日

右ハ戸主統庵ノ同意ヲ得スシテ婚姻ヲ為シタ為メ明治　年　月　日離籍セラレタルニ依リ肩書地ニ一家創立候間此段及御届候也

明治　年　月　日

山越全良㊞

東京市芝區戸籍吏何　某殿

第十二例

◉一家創立届

其三　離籍に因る一家創立の場合

離籍ニ因ル一家創立届（用紙半紙 届書一通）

兵庫縣加古郡加古川町九番地

戸主飲食店

離籍ヲ為シタル戸主　田中佐平

奈良縣添下郡郡山町五拾六番地

戸主平民魚商

父亡 田中佐兵衛
母亡 りく　三男

一家創立者　佐平弟　田中恒藏　生年月日

父 久田丑松
母 とみ　二女

恒藏ノ家ニ入ル　恒藏養女　無職業　なつ　生年月日

右ハ戸主佐平ノ同意ヲ得スシテ養子ヲ爲シタルカ爲メ明治　年　月　日離籍セラレタルニ依リ肩書地ニ一家創立候間此段及御屆候也

明治　年　月　日

田中恒藏㊞

添下郡郡山町戸籍吏何　某殿

第十三例

◉一家創立屆

其四　復籍拒絶に因る一家創立の場合

復籍拒絶ニ因ル一家創立届（用紙半紙 届書二通）

神奈川縣横濱市尾上町六拾九番地

戸主代書業

拒絶者　内田又一

生年月日

東京市淺草區茶屋町五拾四番地

戸主平民洋物商

父　神奈川縣横濱市尾上町六拾九番地　内田又一

母　なか

二男

一家創立者　内田貞吉

生年月日

右ハ東京市淺草區西鳥越町六番地戸主大塚伊平ト協議離緣ニ依リ實家ニ復籍可致ノ處戸主又一ノ同意ヲ得スシテ養子トナリタルカ爲メ明治　年　月　日復籍ヲ拒絶セラレタルニ依リ肩書地ニ一家創立候間此段及御屆候也

明治　年　月　日

東京市淺草區戸籍吏何　某殿

内田貞吉㊞

第十四例

◉一家創立屆書式

其五　復籍拒絶に因る一家創立の場合

復籍拒絶ニ因ル一家創立屆（用紙半紙　屆書二通）

東京市本郷區弓町貳丁目壹番地

戸主洋燈商

拒絶者　北村千吉

生年月日

東京市本郷區東竹町貳拾壹番地

戸主平民無職業

父　本郷區弓町貳丁目壹番地　北村萬吉

母　クメ

四女千吉姉

一家創立者　北村いく
生年月日

右ハ東京市本郷區東竹町貳拾壹番地戸主山本權助長男君三ト協議離婚ニ因リ實家ニ復籍可致ノ處戸主千吉ノ同意ヲ得スシテ婚姻シタル爲メ明治　年　月　日復籍ヲ拒絶セラレタルニ因リ肩書地ニ一家創立候間此段及御屆候也

明治　年　月　日

北村いく㊞
生年月日

東京市本郷區戸籍吏何　某殿

第十五例

◉一家創立屆書式

其六　廢家に因る一家創立の場合

廢家ニ因ル一家創立屆　（用紙半紙屆書一通）

静岡縣城東郡土方村貳拾番地

戸主無職業
廢家最終戸主　井口もん
生年月日
靜岡縣靜岡市鷹匠町五番地
戸主平民無職業
母　靜岡縣志太郡藤枝町五番地　井口さき私生子女
一家創立者　井口もん

右ハ靜岡縣敷知郡濱松町五百貳拾六番地戸主伊坂慶之助ト協議離婚ニ依リ實家ニ復籍可致ノ處明治　年　月　日實家ヲ廢家シタル上婚姻シタルヲ以テ復籍スルコト能ハサルニ付キ肩書地ニ一家創立候間此段及御届候也

明治　年　月　日

井口もん㊞

靜岡市戸籍吏何　某殿

（注意）

復籍スヘキ一家カ絶家トナリタル爲メ一家ヲ創立スル場合亦此ノ例ニ準スヘシ

第十六例

◉一家創立屆書式

其七　絶家に因る一家創立の場合

絶家ニ因ル一家創立屆　（用紙半紙 屆書二通）

東京市牛込區天神町拾九番地

戸主古着商

絶家最終戸主　亡　坂田仁平

生年月日

東京市牛込區辨天町壹番地

戸主平民吳服商

父亡　牛込區天神町拾九番地　坂田建吉

母亡　きの

二男

一家創立者　仁平弟　坂田熊太郎

生年月日

右ハ小石川區戸崎町貳拾參番地戸主小山金作ト離縁シタルニ依リ實家ニ復籍可致ノ處兄仁平死亡シ其家督相續人ナクシテ明治　年　月　日絶家ト爲リタルカ爲メ復籍スルコト能ハサルニ付肩書地ニ一家創立候間此段及御屆候也

明治　年　月　日

坂田熊太郎㊞

東京市牛込區戸籍吏何　某殿

第十七例

◉一家創立屆書式

其八　絶家の家族の一家創立の場合

絶家及一家創立屆（用紙半紙屆書二通）

東京市麻布區櫻田町四番地

戸主紙漉業

絶家最終ノ戸主　亡　花澤久治

生年月日

東京市淺草區三間町七拾番地

戸主繪草紙商

父亡　花澤竹三郎

母亡　こう　二男

一家創立者　久治甥　花澤武七

生年月日

父　川口萬三郎

母亡　いせ　二女

武七妻　すみ

生年月日

父　花澤武七

母　すみ　長男

武三郎

生年月日

右久治ノ家督相續人ナキニ因リ明治　年　月　日絶家候ニ付キ肩書地ニ一家創立候間此段及御届候也

明治　年　月　日

花澤武七㊞

東京市淺草區戶籍吏何　某殿

第十九例

◉一家創立屆書式

其九　授爵に因る一家創立の場合

授爵ニ因ル一家創立屆

東京市牛込區納戶町貳番地

戶主華族官吏

父東京市麴町區五番町拾七番地　官吏久松爲憲

母　無職業　悅子

二男

一家創立者　久　松　俊　長

生年月日

右東京市麴町五番町拾七番地

戶主平民無職業久松正德妹

父大分縣上坐郡大庭村八拾七番地　農　林齊一

母亡　無職業　とき

二女

夫ノ家ニ入ル　俊長妻　ひ　で

生年月日

父　久松俊長
母　ひで
長男

父ノ家ニ入ル　學生　昌雄

生年月日

右俊長儀明治　年　月　日男爵ヲ授ケラレタルニ因リ肩書地ニ一家創立候間別紙辭令書ノ謄本相添此段及御届候也

明治　年　月　日

久松俊長㊞

東京市牛込區戸籍吏何　某殿

第六節　分家、廢絶家再興及ひ其届出

第一　分家、廢絶家再興の意義

家族は戸主の同意ありたるときは分家を為し又は廢絶したる本家、分家、同家其他親族の家を再興することを得るものとす但未成年者か分家又は廢絶家を再興せんとするときは親權

を行ふ父若くは母又は後見人の同意を得ることを要するものとす（民、七四三）

然れとも法定の推定家督相續人は他家に入り又は一家を創立することを得さるを以て法定家督相續人たる家族は分家又は廢絶家再興を爲すこと能はさるものとす

家族か分家を爲し又は廢絶家を再興したるときは其家族は分家又は再興家の戸主となるものにして若し其家族に自己の直系卑屬あるときは戸主の同意を得て之を分家の家族となすことを得るものとす但此場合に於て其直系卑屬か滿十五年以上なるときは其同意を得ることを要するなり

第二　屆出の管轄

分家又は廢絶家再興の屆出は通則に從ひ屆出人の本籍地又は所在地の戸籍吏に之を爲すことを得本籍地に屆出を爲す場合に於て其本籍地か分家地又は再興地と同一戸籍吏の管轄内なるときは屆書は一通を以て足るも其管轄を異にするときは屆書二通を要す又所在地に屆出を爲す場合に於ては右の區別に從ひ二通又は三通の屆出を必要とす

第三　屆出の要件

分家の屆出には左の諸件を具備することを要す（戸、一五四）

一　分家の戸主と爲るへき者の氏名、出生の年月日、職業及ひ本籍地
二　本家の戸主の氏名、職業、本籍地及ひ其戸主と分家の戸主と爲るへき者との續柄
三　分家の家族と爲るへき者あるときは其名、出生の年月日及ひ職業
四　分家の戸主及ひ家族と爲るへき者の父母の氏名、職業及ひ本籍地
又廢絶家再興屆出には左の諸件を具備することを要するものとす（戸、一五五）
一　廢絶家の最終の戸主の氏名、職業及ひ本籍地
二　廢絶の原因及ひ年月日
三　廢絶したる家と再興を爲す者の家との續柄
四　再興を爲す者の戸主の氏名、出生の年月日、職業及ひ本籍地
五　再興を爲す者に隨ひて其家に入るへき者の名、出生の年月日及ひ職業
分家又は廢絶家再興の屆出には右の各要件を記載したる外戸主の同意の證書を添へ又は戸主をして屆書に同意の旨を附記し之に署名捺印せしむることを要す尙未成年者か分家又は再興を爲すに付き親權者又は後見人の同意を得たると亦同し（戸、一五六）
尙屆出の方式に付ては第二章通則の說明及ひ左の書式を看るへし

第二十例

◉分家届書式

其一　普通の分家の場合

分　家　届（用紙半紙 届書二通）

東京市麹町區三年町四番地

戸主酒商

本家戸主　向　井　重　助

東京市芝區榮町七拾六番地

平民無職業

父　麹町區三年町四番地酒商向井平吉
母亡　無職業　いち　三男

重助弟　向　井　兵　藏

分家ノ戸主ト爲ルヘキ者

生　年　月　日

右分家候間此段及御届候也

明治　年　月　日

屆出人　向井兵藏㊞

東京市麹町區戸籍吏何某殿

右分家ニ同意ス

本家戸主　向井重助㊞

生年月日

第二十一例

◉分家屆書式

其二　分家者に妻子ある場合

分家屆（用紙半紙屆書二通）

東京市四谷區坂町四拾參番地

戸主質商

本家戸主　長澤幸作

東京市四谷區永住町拾貳番地

平民鐵物商

分家ノ戸主ト爲ルヘキ者

父 四谷區坂町四拾參番地質店 長澤君平 二男
母 無職業 かめ

幸作弟 長澤次郎 生年月日

分家ノ家族ト爲ル者

父 牛込區袋町拾五番地材木商 赤松繁藏 長女
母 無職業 すぎ

次郎妻 無職業 らく 生年月日

分家ノ家族ト爲ル者

父 長澤次郎
母 らく 二女

無職業 秋野 生年月日

右分家候間此段及御届候也

明治　年　月　日

長澤次郎㊞

東京市四谷區戸籍吏何 某殿

右分家ニ同意ス

本家戸主 長澤幸作㊞

生年月日

（注　意）
分家の家族と爲るべき直系卑屬か滿十五年以上なるときは其直系卑屬をして此面書に同意の旨を附記せしむることを要す即ち左の如し

右分家ノ家族ト爲ルコトニ同意ス
直系卑屬　長澤秋野㊞

第二十二例

◉分家屆書式

其三　未成年者か分家を爲す場合

分　家　屆（用紙半紙 屆出二通）

東京市下谷區竹町四拾貳番地
戸主砂糖商
本家戸主　木島寅藏
東京市本所區外手町六番地

平民無職業

下谷區竹町四拾貳番地
父 無職業 木島成之助
母 無職業 いと
二男

戸主ト爲ルヘキ者 寅藏弟 木島安次郎

明治四拾年拾月四日生

右分家候間此段及御屆候也

明治四拾參年　月　日

右安次郎未成年ニ付親權ヲ行フ父

木島成之助㊞

生年月日

東京市下谷區戸籍吏何　某殿

右分家ニ同意ス

本家戸主　木島寅藏㊞

生年月日

親權ヲ行フ父　木島成之助㊞

第二十三例

◉廢家再興屆書式

廢家再興屆　（用紙半紙 屆書二通）

茨城縣信太郡木原村五番地

戸主農

廢家最終ノ戸主　大木正八

右正八養子縁組ニ依リ他家ニ入ルニ付キ裁判所ノ許可ヲ得明治　年　月　日廢家

茨城縣新治郡小櫻村八番地

戸主平民農三藏（生年月日）二男農

父 大木三藏
母 ゆみ　二男

廢家再興者　正八甥　大木勇助

生年月日

右廢家トナリタル本家ヲ再興候間此段及御屆候也

明治　年　月　日

大木勇助㊞

新治郡小櫻村戸籍吏何某殿

右廢家再興ニ同意ス

戸主　大木三藏㊞

第二十四例

㊂絶家再興屆書式

絶家再興屆　（用紙半紙屆書一通）

大阪市南區横堀五丁目拾八番地

戸主肥料商

絶家最終ノ戸主　井上佐平

右佐平家督相續人ナキニ因リ明治　年　月　日絶家

大阪市南區横堀七丁目參番地

戸主平民白米商井上紋藏（生年月日）

弟水車業

母　父　井上辨藏
りか　三男

絶家再興者　佐平甥　井上健藏

生年月日

母　父太田勝次郎
みの　二女

夫ニ從ヒ其家ニ入ル

健藏妻
無職業

千代

生年月日

右絶家トナリタル本家ヲ再興候間此段及御屆候也

明治　年　月　日

井上健藏㊞

右絶家再興ニ同意ス

戸主　井上紋藏㊞

大阪市南區戸籍吏何　某殿

第七節　戸主及ひ家族の氏名族稱變更

第一　氏名族稱變更の意義

凡そ家には孰れも氏ありて他の家と區別せらるゝものなるを以て戸主及ひ其家族は等しく其家の氏を稱するの權利及ひ義務を負ふものとす（民、七四六）又族稱は其家に伴ふ位格なるを以て戸主か華族なるときは其家族は皆華族となり又戸主か士族なるときは其家族は總て士族となるものとす

氏及ひ名は特別の事情あるときは府縣知事の許可を得て之を改稱することを得るものとす故に氏名を改稱せんと欲する者は其事情を具申して府縣知事に許可の願を爲すことを要し其許可ありたるときは其旨を戸籍吏に屆出つることを要するものとす又新に華族に列せられ又は華士族の稱を失ひたるときは即ち族稱に變更を生したるものなるを以て其旨を戸籍吏に屆出つへきものとす但族稱に變更ありたる者か家族なるときは戸主より其屆出を爲すことを要す

第二　屆出の管轄

氏の復舊名の改稱及ひ族稱變更の屆出は通則に從ひ屆出人の本籍地又は所在地の戸籍吏に之を爲すことを要するものとす而して本籍地に其屆出を爲す場合に於ては屆書は一通を以て足るも所在地に屆出を爲すときは二通を要するものとす

第三　屆出期間

氏を復舊し又は名を改稱し若くは華族に列せられ又は華士族の稱を失ひたる者は十日内に其屆出を爲さゝるへからす

第四　屆出の要件

氏を復舊し又は名を改稱したる屆出には左の諸件を具備することを要す(戸、一六四)

一　復舊又は改稱前の氏名

二　復舊したる氏又は改稱したる名

三　復舊又は改稱の原因及ひ許可の年月日尙管轄官廳の許可書の謄本を添ふることを要す

次に族稱の變更屆出には左の諸件を具備することを要す(戸、一六五)

一　新舊族稱

二　族稱變更の原因

三　族稱變更の辭令又は許可ありたる年月日

此屆出にも辭令書又は管轄管廳の許可の謄本を添付することを要するものとす

尙屆出の方式に付ては第二章通則の説明及ひ左の書式を看るへし

第二十五例

◉氏復舊屆書式

氏復舊屆（用紙半紙屆書一通）

復舊前ノ氏名　片山龍太

復舊シタル氏　池田

右ハ祖先ノ苗字湮滅ヲ憂ヒ明治　年　月　日東京府知事ノ許可ヲ得前記ノ通リ氏ヲ復舊致候間許可書ノ謄本相添此段及御屆候也

明治　年　月　日

東京市淺草區新畑町八番地

戸主官吏

池田龍太㊞

生年月日

東京市淺草區戸籍吏何　某殿

第二十六例

◉名改稱届書式

名改稱届　（用紙半紙 届書一通）

改稱前ノ氏名　和　田　權　平
改稱シタル名　政　義

右ハ同氏名ノ者アルニ因リ明治　年　月　日埼玉縣知事ノ許可ヲ得前記ノ通リ改稱候間許可書ノ謄本相添此段及御届候也

明治　年　月　日

埼玉縣北足立郡浦和町壹番地
戸主官吏
和　田　政　義㊞
生　年　月　日

北足立郡浦和町戸籍吏何　某殿

第二十七例

◉族稱變更届書式

族稱變更屆（用紙半紙屆書一通）

東京市麻布區谷町八番地戸主
官吏
舊族稱平民
新族稱華族　植村正規
生年月日

右明治　年　月　日華族ニ列セラレ候間別紙辭令書ノ謄本相添此段及御屆候也

明治　年　月　日

植村正規㊞

東京市麻布區戸籍吏何　某殿

第四章　隱居

第一節　隱居の要件

第一　普通の隱居

普通の隱居とは裁判所の許可を得ることなく戸主か自由に隱居を爲すことを得る場合を謂ふ

隱居は戸主か生前に於て其戸主權を喪失する一方法なるを以て隱居は戸主に限り之を爲し得るものにして如何なる場合に於ても家族に隱居なし而して普通の隱居に付ても左の要件を具備することを要するものとす（民、七五二）

一　滿六十年以上なるとき

戸主か滿六十年以上に達し且次に掲くる要件を具ふるときは自由に隱居を爲すことを得るも此年齡に達せさる內は如何なる理由あるも裁判所の許可を受くるに非されは隱居を爲すこと能はさるものとす此要件は女戸主に付て適用なきものにして女戸主は年齡に拘はらす隱居を爲すことを得れとも其女戸主か有夫の者なるときは其夫の同意を得ることを要し夫は正當の理由あるに非されは其同意を拒むことを得さるものとす此に正當の理由とは例へは家督相續人か未た家政を執るに十分なる能力を備へさるとき又は多年女戸主の名義を以て商業を爲し信用を博し居るも一旦戸主に變動を生するときは其商業に衰退を來す虞ある場合等女戸主の隱居か其家の爲めに重大なる影響ある場合を謂ふなり（民、七五五）

二　完全の能力を有する家督相續人か相續の單純承認を爲すこと

戸主か隱居したるときは戸主たる身分を失ふを以て其戸主に代はるへき家督相續人あること

とを要するは勿論なり而して其家督相續人は完全なる能力を有することを必要とするを以て縱令相續人あるも其相續人か未成年者、禁治產者又は準禁治產者なるとき又は妻なるときは其戶主は隱居を爲すことを得さるものとす

完全なる能力を有する戶主あるも其相續人か相續の單純承認を爲さゝるときは亦隱居を爲すこと能はす相續人と雖も相續の承認又は拋棄を爲すの自由を有し又承認する場合に於ても單純承認又は限定承認を爲すの自由を有するものとす單純承認とは前戶主の財產の有無に拘はらす前戶主の債務を無條件にて引受け相續を爲すとの承認を謂ひ限定承認とは前戶主の相續財產のある限度に於て其債務を引受け相續を爲すとの承認なるを以て相續人か相續の單純承認を爲すと否とは前戶主の債權者其他の第三者に對し重大なる利害の關係あるものとす而して法律は戶主か隱居を爲すに付ては相續人か單純承認を爲すことを要するものとし以て第三者に損害を及ほささることに力めたり

以上の要件を具備するときは何時にても戶主より其旨を戶籍吏に屆出て以て隱居を爲すことを得るものなれとも隱居を爲すと否とは固より戶主の自由なるを以て何人と雖も戶主に對し隱居を爲すことを請求し得るものに非らす

第二　特別の隱居

特別の隱居と稱するは戸主か普通隱居を爲すの要件を具備せさる場合に於て特別の事情あるときは裁判所の許可を得て隱居を爲す場合を謂ふなり

特別の隱居を爲すには左の要件を具備することを要するものとす（民、七五三、七五四）

一　戸主か疾病　本家相續又は再興其他已むことを得さる事由に因りて爾後家政を執ること能はさるに至りたるとき又は戸主か婚姻に因りて他家に入らんと欲するとき

此場合に於ては戸主か年齡滿六十年未滿なると又完全なる能力を有する家督相續人か相續の單純承認を爲さゝる場合に於ても次の要件を具備するときは隱居を爲すことを得るものとす然れとも法定の推定家督相續人あらさるときは豫め家督相續人たるへき者を定め其承認を得ることを要す其承認は單純承認なると限定承認なるとを問はさるものとす又法定の推定家督相續人とは後に述ふる如く戸主の家族たる直系卑屬を指稱するものなり

二　裁判所の許可を得ること

前項の如き特別の事情あるときは隱居を爲さんとする戸主の住所地を管轄する區裁判所へ其許可申請を爲し其許可を得ることを要す此許可申請には法定の推定家督相續人を表示し

又は家督相續人たるへきことを承認したる者を表示し且其者をして署名捺印せしむることを要するものとす(非訟、九〇)

區裁判所に於て右の申請を却下したるときは地方裁判所へ抗告を爲し地方裁判所に於て其抗告を棄却したるときは控訴院へ再抗告を爲すことを得れとも區裁判所に於て隱居を許可したるときは其裁判に對しては何人よりも抗告を爲すこと能はさるものとす

以上の要件を具備するときは戸主は裁判の謄本を添へ戸籍吏に隱居の屆出を爲すへし隱居は其屆出に因りて效力を生するものとす(民、七五七)

右第一第二の場合に於て戸主か隱居を爲すには縱令其戸主が未成年者なるとき禁治產者なるときと雖も其法定代理人の同意を得ることを要せざるも無能力者が隱居を爲すには其當時に於て意思能力を有することを要するは勿論なり

又右第二の場合中戸主が婚姻によりて他家に入らんと欲する場合に於て裁判所の許可を得ざるに拘らず戸籍吏が故意又は過失に因り婚姻屆を受理したるときは其戸主は婚姻の日に於て隱居を爲したるものと看做され之か爲め婚姻は無效となるものに非ざるなり(民、七五四ノ二)

第二節　隱居の取消

第一　取消の方法

隱居者が前節に掲げたる要件を具備せざるに拘はらず戸籍吏が故意又は過失により隱居屆を受理したるときは隱居者の親族又は檢事は隱居屆出の日より三个月内に隱居の取消を裁判所へ請求することを得又有夫の女戸主が夫の同意を得ずして隱居を爲したるときは夫は隱居屆出の日より三个月内に其取消を裁判所へ請求することを得るものとす（民、七五八）又隱居者又は家督相續人が詐欺又は强迫に因りて不任意に隱居の屆出を爲したるときは隱居者又は家督相續人は其詐欺を發見し又は强迫を免れたる日より一年内に隱居の取消を裁判所に請求することを得るものとす然れとも其詐欺を發見し又は强迫を免れたる後隱居者又は家督相續人か其隱居を爲すことを追認したるときは其者より隱居の取消を請求する權なきものとす

隱居者又は家督相續人が詐欺を發見せす又は强迫を免れさる間は其親族又は檢事より隱居の取消を請求することを得るも其の請求後隱居者又は家督相續人か詐欺を發見し又は强迫を免れたる後其隱居を追認したるときは親權又は檢事の取消權は消滅に歸するものとす

詐欺又は强迫に因る隱居の取消權は隱居屆出の日より十年を經過したるときは時效に因りて消滅し其後に至りては何人よりも取消の請求を爲すこと能はすと雖も此期間內なる以上は隱居者又は家督相續人の死亡後に於ても取消を請求することを得るものとす隱居取消の請求は隱居者の住所地の地方裁判所へ訴を以て之を爲すへきものにして此訴訟の相手方は隱居者より提起する場合に於ては家督相續人、家督相續人より提起するときは隱居者、隱居者及ひ家督相續人に非らさるものより提起するときは隱居者及ひ家督相續人を相手方とし其一方か死亡したる後に於ては生存者を相手方とするものとす(人訴、三六)

第二　取消の效果

隱居取消の裁判か確定したるときは初めより隱居を爲ささりし場合と同一に歸す故に其隱居者は戶主權を回復し隱居に因りて戶主となりたるものは當然其戶主權を失ふ

隱居の取消前に家督相續人の債權者となりたる者は家督相續人及ひ其取消に因りて戶主たる者に對して辨濟の請求を爲すことを得れとも債權者か債權取得の當時隱居取消の原因の存することを知りたるときは家督相續人に對してのみ辨濟の請求を爲すことを得るものとす又家督相續人か家督相續前より負擔せる債務及ひ其一身に專屬する債務に付ては家督相續人に對

してのみ辨濟の請求を爲し得ること勿論なり

第三節　隱居の效力

隱居は第一節に述へたる如く戸主か任意に其戸主權を喪失する一方法にして卽ち戸主權の抛棄なり故に適法なる隱居ありたるときは之と同時に家督相續か開始し其家督相續人は直ちに戸主となり前戸主に屬したる一切の權利義務は新戸主に移轉し前戸主は新戸主の家族となるものとす尙家督相續に關しては詳細の說明の要するものあれとも之を後章に讓るを以て後の說明を參照すへし

只隱居に因る戸主權の喪失は前戸主又は家督相續人より前戸主の債權者及ひ債務者に其通知を爲すに非されは之を以て其債權者及ひ債務者に對抗すること能はさるを以て（民、七六二）此通知を爲ささる間は債權者は前戸主に對して辨濟の請求を爲すことを得へく又新戸主は債務者に對し辨濟の請求を爲すこと能はさるに至るへし

第四節　隱居の申請及ひ屆出

第一　隱居の申請

隱居の申請とは區裁判所に對する隱居許可の申請にして即ち第一節に述へたる特別の隱居を爲すへき場合に於て隱居を爲さんと欲する者より區裁判所へ其許可を申請することを謂ふなり

隱居の申請は戸主の住所地を管轄する區裁判所へ之を爲すへく其申請書には法定の推定家督相續人又は家督相續人たることを承認したるものをして署名捺印せしむへきこと及ひ區裁判所か之を却下したるときは地方裁判所又は控訴院へ抗告を爲し得ることは第一節中に之を説明したる所なり故に其詳細は右の説明及ひ次に掲くる申請書式に就て之を知るへし

第二　屆出の管轄

隱居の屆出は通則に從ひ隱居者より其本籍地又は所在地の戸籍吏に之を爲すことを得るものにして本籍地に屆出を爲す場合には屆書は一通にて足るも所在地に屆出る場合には二通を要す

第三　屆出の期間

隱居は屆出に因りて其效力を生するものなるを以て固より其屆出を爲すへき期間なし戸主よ

り隨意の時に其屆出を爲し得るものとす故に隱居に付き裁判所の許可ありたると雖も其屆出を爲すと否とは戶主の隨意なり
只隱居取消の裁判か確定したるときは其訴を提起したる者は裁判確定の日より一个月內に裁判の謄本を提出して登記の取消を申請することを要するものなり（戶、一二二）

第四　屆出の要件

隱居の屆出には左の諸件を記載することを要するものとす（戶一一九、一二〇、一二一）
一　隱居者の氏名、族稱、出生の年月日、職業及ひ本籍地
二　家督相續人の名、出生の年月日、職業及ひ家督相續人と隱居者との續柄
三　隱居の原因
裁判所の許可を得て隱居を爲す場合に於ては屆出人は屆書に裁判の謄本を添ふることを要し
又隱居の屆書には家督相續人の承認の證書を添へ又は承認を爲したる者をして屆書に其旨を附記し之に署名捺印せしむることを要す有夫の女戶主か隱居を爲す場合に於ては屆書に夫の同意書を添付するか又は夫をして屆書に同意の旨を附記し之に署名捺印せしむることを要するものとす

尙届出の方式に付ては第二章通則の說明及ひ左の書式を看るへし

第二十八例

◉裁判所に對する隱居許可申請書式

其一　法定の推定家督相續ある場合

隱居許可申請　（用紙美濃紙 申請書一通）

東京市京橋區南槇町三番地

戶主平民時計商

申立人　外　立　惠　藏

明治年月日生

右同所申請人長男

法定ノ推定家督相續人　外　立　太　郎

明治年月日生

右申請人外立惠藏ハ牛込區袋町七番地松山乙平ノ次男ニシテ前戶主外立勘兵衞ノ養子トナリ家督相續ヲ爲シ戶主トナリタル處數年來不治ノ疾病ニ罹リ到底家政ヲ執ルコト能ハサルニ依リ今

般實家ヘ復籍セントスルモ申請人及家督相續人トモ未タ法定ノ年齡ニ達セサルニヨリ隱居許可ノ申請ヲ爲ス所以ニ有之候

申請ノ趣旨

右ノ次第ニ付申請人外立惠藏ノ隱居許可相成度此段申請候也

附屬書類

一戸籍謄本
一診斷書
一證明書

明治　年　月　日

外立惠藏㊞

東京區裁判所
判事何　某殿

（別紙）

證明書

京市京橋區南槇町三番地
外立惠藏
右ハ數年前ヨリ不治ノ疾病ニ罹リ身體衰弱シテ家政ヲ執ルコト能ハサルニヨリ隱居ノ上實家ヘ復籍セントスル者ニ相違無之候ニ付此段證明仕候也
明治　年　月　日
牛込區袋町七番地
實家戸主　松山乙平㊞

第二十九例

◉裁判所に對する隱居許可申請書式
其二　法定の家督相續人なき場合
隱居許可申請　(用紙美濃紙 申請書一通)
東京市京橋區金六町六番地
戸主平民小間物商
申請人　田中和三郎

明治　年　月　日生

同所申請人弟
指定家督相續人　田中宇平

明治　年　月　日生

申請ノ原因タル事實

右申請人田中和三郎ハ本年　月　日日本橋區北鞘町四番地廣田長太郎外一人ノ媒妁ヲ以テ淺草區永住町五番地牧野たか方ヘ入夫婚姻ヲ爲スコトニ相成候ニ付實弟宇平ヲ家督相續人ニ指定シ其承認ヲ得タルヲ以テ隱居許可ノ申請ヲ爲ス所以ニ有之候

申請ノ趣旨

右ノ次第ナルヲ以テ田中和三郎ノ隱居許可相成度此段申請候也

附屬書類

一　戸籍謄本

一　證明書

明治　年　月　日

申請人　田中和三郎㊞
家督相續人　田中宇平㊞

東京區裁判所
判事何　某殿

（別紙）

證明書

東京市京橋區金六町六番地
戸主
夫　田中和三郎
同市淺草區永住町五番地
戸主
妻　牧野たか

右當事者間ニ於ケル入夫婚姻ノ儀ハ明治四十一年九月九日内約整ヒ候事相違無之候也

明治　年　月　日

東京市日本橋區北鞘町四番地
媒妁人　廣田長太郎㊞
東京市神田區鍋町二十八番地
媒妁人　松崎くめ㊞

第三十例

◉隱居屆書式

其一　普通隱居の場合

隱居屆（用紙半紙 屆書一通）

福島縣安達郡桑野村五番地
戶主平民農
隱居者　芳川泰雄
天保年月日生

家督相續人　泰雄長男學生　信壽
明治年月日生

右泰雄儀六十歳以上ニシテ家政執ルコト能ハサルニ付キ隱居候間此段及御屆候也
明治　年　月　日
芳川泰雄㊞
芳川信壽印
安達郡桑野村戸籍吏何某殿
右家督相續ヲ單純承認致候
家督相續人　芳川信壽印

第三十一例
◉隱居屆書式
其二　女戸主か隱居を爲す場合
隱居屆（用紙半紙屆書一通）
靜岡縣志太郡廣幡村拾番地
戸主農
隱居者　和田かく

明治　年　月　日生

家督相續人　かく養子無職業

光　市

明治　年　月　日生

右かく疾病ニ因リ家政ヲ執ルコト能ハサルニ付キ隱居候間此段及御屆候也

明治　年　月　日

芳　川　か　く㊞

芳　川　光　市㊞

志太郡廣幡村戸籍吏何　某殿

右家督相續ヲ單純承認致候

家督相續人　芳　川　光　市㊞

（注　意）

一若シ女戸主ニ夫アルトキハ左ノ如ク附記ス

右隱居ニ同意ス

夫　何　某㊞

第三十二例

◉隱居屆書式

其三　他家に在る者を家督相續人に指定して隱居する場合

隱　居　屆　（用紙半紙 屆書一通）

東京市神田區山本町四拾九番地

戶主下駄商

隱居者　川　口　惠　太　郎

天保　年　月　日生

東京市本郷區龍岡町八拾五番地

戶主傘張職

家督相續人　惠太郎甥　兼　坂　藤　十　郎

明治　年　月　日生

右惠太郎六十歲以上ニシテ家政ヲ執ルコト能ハサルヲ以テ隱居候間此段及御屆候也

明治　年　月　日

川口惠太郎㊞
兼坂藤十郎印

東京市神田區戶籍吏何　某殿

右家督相續ヲ單純承認致候

家督相續人　兼坂藤十郎印

第三十三例

◉隱居屆書式

其四　裁判所の許可を得て隱居を爲す場合

隱　居　屆（用紙半紙屆書一通）

埼玉縣北足立郡室村百拾番地

戶主平民農

隱居者　保田元右衛門

明治年月日生

家督相續人　長男農　半　兵　衛

明治年月日生

右元右衛門本家ヲ相續スル爲メ明治　年　月　日裁判ノ許可ヲ得隱居候間裁判ノ謄本相添此段及御候也

明治　年　月　日

保田元右衛門㊞

保田半兵衛㊞

北足立郡馬室村戸籍吏何　某殿

第三十四例

◉隱居屆書式

其五　裁判所の許可を得て隱居を爲す場合

隱　居　屆（用紙半紙 屆書一通）

兵庫縣津名郡淺野村八拾參番地

戸主平民農

隱居者　野　口　た　い

明治年月日生

家督相續人　たい妹農　せ　ん

明治年月日生

右たい婚姻ニ依リ他家ニ入ルニ付明治　年　月　日裁判ノ許可ヲ得隱居候間裁判ノ謄本相添此段及御屆候也

明治　年　月　日

野　口　た　い㊞

野　口　せ　ん㊞

津名郡淺野戶籍吏何　某殿

右家督相續ヲ承認致候

家督相續人　野　口　せ　ん㊞

（注　意）

此書式は女戶主に指定の推定家督相續人なき爲め妹を相續人に指定したる場合を示したるものなり

第三十五例

◉隱居登記取消申請書式

隱居登記取消申請（用紙半紙申請書一）

東京市京橋區鎗屋町七番地

戸主湯屋業仙吉父平民無職業

隱居者　藤代鶴松

右鶴松明治　年　月　日隱居候處明治年月日隱居取消ノ裁判確定候ニ付別紙裁判ノ謄本提出候條右隱居登記ヲ取消相成度候此段申請候也

明治　年　月　日

東京市神田區龜住町貳拾八番地

戸主平民寄席業

起訴者　鶴松弟　高山金八㊞

生年月日

東京市京橋區戸籍吏何　某殿

第五章　廢家及ひ絕家

第一節　廢家の要件

廢家とは戸主か其家を廢して他家へ入ることを謂ふ凡そ戸主か婚姻又は養子緣組等に因りて他家に入らんと欲するときは前章に述へたる隱居の方法に依り戸主たる身分を退きたる上他家に入ることを得へしと雖も戸主か隱居を爲すには必す家督相續人あることを要し家督相續人か代つて家主となるものなるを以て若し家主に家督相續人なきときは隱居を爲すこと能はす故に此場合に於ては廢家の方法に依らさるへからす

廢家は上述の如く戸主か任意に其家を廢するものにして第三者に利害關係を及ほすこと重大なるを以て法律は廢家に付ても種々なる要件を定めたり(民七六二、)

第一　新に家を立てたる戸主の廢家

新に家を立てたる戸主とは分家を爲し廢絕家を再興し又は一家を創立して新に其家の戸主となりたるものを謂ふなり新に家を立て其の戸主となりたる者は又何時にても之を廢することを得れとも廢家は婚姻又は養子緣組に因りて戸主か他家に入ることを目的とすることを要す

故に他家に入らすして別に一家を新立せんとするときは廢家を爲すこと能はさるなり

第二　家督相續に因り戸主となりたる者の廢家

家督相續に因りて戸主となりたる者は廢家することを得さるを原則とす家督相續に因り戸主となりたる者は永く其祖先の祭祀を爲し其家を持續するの責務を有すのものを以て一旦家督相續を爲し其戸主となりたる以上は隨意に其家を廢することを許ささるなり然れとも本家相續又は再興其他正當の事由に因り裁判所の許可を得たるときは特に廢家を爲すことを得るものとす本家相續とは本家に法定の推定家督相續人なき爲め分家の戸主か其相續人に選定せられたるとき其相續を爲す場合を謂ふ再興とは本家が廢家又は絶家となりたる場合に之を再興することを謂い其他正當の事由とは裁判所か廢家を許すに足る事由なりと認むるものを謂ふなり裁判所へ申請する手續は次節に述ふへし

以上第一第二の場合に於て戸主か適法に廢家して他家に入りたるときは其家族も亦戸主と共に其家に入り全く其家は消滅するものとす(民、七六三)

第二節　廢家の申請及ひ其屆出

第一　廢家の申請

新に家を立てたる戶主か廢家するには何等の手續を要せす單に其旨の屆出を爲を以て足れりと雖も家督相續に因りて戶主となりたる者か其家を廢せんとするときは裁判所に對し許可の申請を爲すへきこと前節に述へたるか如し

廢家許可の申請は其戶主の住所地を管轄する區裁判所へ爲すへきものとす區裁判所に於て此申請を却可したるときは地方裁判所又は控訴院へ抗告の申立を爲すことを得るは前章に說明したる隱居許可申請の場合と同一なりとす又區裁判所か廢家の申請を理由ありと認め許可を與へたるときは申請人より抗告を申立ること能はさるは勿論なれとも戶主の債權者、家族等の如き利害の關係ある者及ひ檢事は廢家の許可を與へたる裁判に對し地方裁判所へ抗告を爲すことを得るものとす（非訟、九一）

第二　屆出の管轄

廢家屆出は屆出人の本籍地又は所在地の戶籍吏に之を爲すことを得るものにして本籍地に其屆出を爲す場合には屆書は一通にて足るも所在地に於て屆出を爲す場合には二通を必要とす

第三　屆出の要件

廢家の屆出には左の諸件を具備せさるへからす（戶、一五二）

一　廢家したる者か入るへき家の戶主の氏名、出生の年月日、職業及ひ本籍地

二　廢家したる者に隨ひて他家に入る者の名、出生の年月日及ひ職業

以上の要件を記載したる外其屆出には家督相續に因りて戶主と爲りたる者に非さることの證明書又は廢家の許可に關する裁判の謄本を添付することを要するものとす

廢家屆を爲したる者は必す他家に入るへきこと既に述へたる如くなるを以て其者は廢家屆出を爲すと同時に婚姻、養子緣組又は入籍の屆出を爲すことを要するものとす廢家屆出のみに因りて其戶主は直に他家へ入ることを得さるは勿論なり

尙屆出の方式に付ては第二章通則の說明及ひ左の書式を看るへし

第三十六例

◉裁判所に對する廢家許可申請書式

廢家許可申請（用紙美濃紙 申請書一通）

東京市深川區鶴步町五番地

戶主日傭稼

申請人　梅　田　と　く

申請ノ理由

右申請人ハ明治　年　月　日前戸主喜助死亡ニ因リ家督相續ヲ爲シタル處元來申請人ノ家ハ無資産ナルヲ以テ日傭稼ヲ爲シ僅カニ糊口ヲ凌キ居候得共申請人ニハ全ク相續人タル者無之到底將來申請人ノ家ヲ持續スルノ方法モ無之困難罷在候處豫テ知合ナル深川區靈巖町八番地井口北三ナル者申請人ヲ同區相川町四番地久坂爲三郎ナル者ヘ婚姻ノ媒介ヲ爲シ呉レ候ニ付親族トモ協議シタル結果同人ハ相應ノ資産モ有之候ニ付キ追テ子女出生シタル上ハ其者ニ財産ヲ分與シテ實家再興致サスヘキコトヲ條件トシ婚姻ノ約定マリ候ニ付相互ノ利益ヲ鑑ミ玆ニ廢家許可ノ申請ヲ爲ス所以ニ有之候

申請ノ趣旨

右ノ次第ナルヲ以テ申請人梅田とくノ廢家許可相成度此段申請候也

附屬書類

一戸籍謄本
一證明書

明治　年　月　日

梅田とく㊞

東京區裁判所
判事何　某殿

第三十七例

◉廢家屆書式

其一　新に家を立てたる者の廢家を爲す場合

廢家屆（用紙半紙 屆書一通）

千葉縣香取郡神里村八番地
戸主平民農

廢家者　原　近藏
生年月日

近藏妻　無職業
ゑん
生年月日

長女　無職業　すみ
生年月日

千葉縣君津郡神納村拾七番地
戶主荒物商
廢家者ノ入ルヘキ家ノ戶主　中村長三郎
生年月日

右廢家候間家督相續ニ因リ戶主トナリタルニ非ラサルコトノ證明書相添此段及御屆候也

明治　年　月　日

原近藏㊞

香取郡神里村戶籍吏何　某殿

第三十八例

◉廢家屆出式

其二　裁判所の許可に因り廢家を爲す場合

廢家屆（用紙半紙 屆書一通）

東京市下谷區入谷町八拾七番地
戸主平民足袋商
廢家者　本間治郎八
生年月日

東京市深川區猿江町參番地
戸主船乘業廢家者ノ入ルヘキ家ノ戸主　水谷英四郎
生年月日

右明治　年　月　日裁判所ノ許可ヲ得廢家候間裁判ノ謄本相添此段及御屆候也

明治　年　月　日

本間治郎八㊞

東京市下谷區戸籍吏何　某殿

第三節　絶家

絶家とは戸主を失ひたる家に家督相續人なき場合を謂ふ戸主を失ひたる家とは戸主の死亡、

國籍喪失又は隱若の場合等にしてし其家に家督相續人あるときは其者か直に戸主となるを以て全く戸主を失ふことなしと雖も戸主か死亡し日本の國籍を失ひたる場合に於て全く其相續人なきとき又は家督相續人ありたる爲め戸主か隱居したるに其相續人か突然死亡し又は日本の國籍を失ひたる如き場合には其家は全く後繼者なきに至りたるものなるを以て之を絶家と稱するなり(民、七六四)

而して絶家となりたる家に家族あるときは各一家を創立して其戸主となるものとす但妻は夫に隨ひ子は父に隨ひ父か知れさるとき、他家に在るとき又は死亡したるときは子は母に隨ひて各其家に入るへきものとす

絶家の家族か一家を創立するときは絶家及ひ一家創立の届出を爲すへきものにして詳細は第三章第五節一家創立の部に於て説明したるを以て其説明を參照すへし

第六章　婚　姻

第一節　婚姻の要件

婚姻は法律上に於ける男女の結合にして社會の風敎に關すること多きを以て法律は婚姻に付

ても多くの要件を定めたり本節に於ては婚姻成立の要件を説明せんとす

第一　實質上の要件

一　男は滿十七年女は滿十五年に達したることを要す

之れ婚姻當事者の體質の發達を基礎とするものにして我國の人民は此年齡に達せされは婚姻を爲すに適せさるものと認めたり故に男又は女か此年齡に達せされは絶對に婚姻を爲すこと能はさるものにして(民、七六五)個々の體格如何に因りて此要件を左右することを得さるなり然れとも此他に年齡の制限なきを以て如何に老年に達するも婚姻を爲すことを得るは勿論なり

二　他に配偶者なきことを要す

之れ一夫一妻主義を認めたるものにして既に配偶者ある者は男女を問はす重ねて婚姻を爲すことを得さるなり若し配偶者ある者か重婚を爲し戸籍吏か誤て之を受理したるときは他の一方の配偶者より離婚の請求を爲すことを得るのみならす其配偶者其他の者より重婚の取消を請求することを得へし(民、七六六、七八〇、八一三ノ一)但此に配偶者とは法律上の夫婦關係ある者なるを以て内縁の夫婦は他の男女と婚姻を爲すことを得るは勿論なり

三　女は前婚の解消又は取消の日より六个月を經過したることを要す

即ち女か再婚を爲す場合に於ては前婚の解消又は取消の日より六个月を經過したる後に非されは他の男と再婚することを得さるなり之れ其女か懷胎したる場合に於て先夫又は後夫何れの胤なるやを知ること能はさるに至るを以て之を豫防せんとの法意に外ならす故に女か前婚の解消又は取消の前より懷胎したる場合に於ては其分娩の日より六个月を經過したる後に非されは再婚を爲すこと能はさるなり（民、七六七）婚姻の解消とは一旦適法に婚姻したる者か離婚又は其一方の死亡に因り孤獨になりたるものを謂ひ取消とは一旦婚姻の屆出を爲したるも違法の分子を包含する爲め後日に至り裁判所か其婚姻を取消したるものを謂ふなり

四　相姦者ならさることを要す

姦通に因りて離婚せられたる者又は刑を受けたる者は其相姦者と婚姻を爲すこと能はさるなり（民、七六八）蓋相姦者か共に婚姻を爲すことを得るものとせは法律は却て姦通を奬勵するの結果に至るを以て特に此要件を設けたるなり

五　血族間に非さることを要す

血族婚は醫學上に於ても生兒の爲めに大なる障害あること明かなるのみならす社會の道德より見るも之を許すへきに非らす故に法律は直系血族及ひ三親等內の傍系血族の間に在りては絕對に結婚を爲すことを得さるものとせり(民、七六九)

直系血族傍系血族の意義に付ては既に第一章に於て詳說したる如く血統の連絡あるものにして其血統か直下するもの例へは祖父母、父母、子孫の如きは皆直系血族なり又其血統か直下せすして分岐せる枝系を傍系血族と謂ふ例へは兄弟姉妹、伯叔父母又は從兄弟姉妹の如し直系血族は親等の如何に拘はらす婚姻を爲すこと能はされとも傍系血族は三親等內に限り禁止せらるゝを以て兄弟姉妹間、伯叔父母と甥姪との間に於ては婚姻を爲すこと能はされとも從兄弟姉妹間に於ては婚姻を爲すことを得るなり親等の計算方法も第一章中の圖に依り之を知るへし

右に述へたる血族婚姻の禁止は養子と養方の傍系血族との間に其適用なきを以て養子と其養方に在る兄弟姉妹、伯叔父母甥姪の如き二親等の傍系血族に於ても婚姻を爲すことを得るも養子と養方の直系血族間との間に於ては縱令實際血統の連續なしと雖も婚姻を爲すことを能はざるなり例へば養子と養父母、祖父母等の間の如し又養子、其配偶者、直系卑屬又

は其配偶者と養親又は其尊屬との間に於ては縱令養子離緣に因りて其親族關係か止みたる後に於ても婚姻を爲すこと能はさるなり（民、七七一）但養子、其配偶者、直系卑屬又は其配偶者と雖も養子離緣に因りて其親族關係か止みたる後は養親の直系卑屬卽ち其子孫と婚姻することを得るものとす

養子緣組か裁判所に於て取消されたるときは其緣組は全く無效に歸するものなるを以て養方の直系血族との間に於ても婚姻することを得るは勿論なり

六　直系姻族間に非さることを要す

直系姻族とは婚姻に因りて夫婦の一方と他の一方の血族との間に生する親族關係なること第一章に於て說明したる如し而して直系姻族間に於ては離婚其他に因り姻族關係か止みたる後に於ても婚姻を爲すことを得さるなり例へは女か婚姻に因り他家に入りたる後其夫か死亡するも夫の父、祖母等と婚姻を爲すこと能はさるか如し然れとも此禁止は直系姻族に限り傍系姻族に及はさるを以て例へは夫か妻との婚姻の消滅したる後妻の姉妹と婚姻することを妨けさるなり（民、七七〇）

七　婚姻の意思表示は當事者自ら之を爲すことを要す

婚姻は其當事者の眞意に基くことを要件とし他人か之を代理し又は强制して婚姻の意思を表示せしむることを得す故に婚姻の當事者か未成年者、禁治產者なるときと雖も親權者又は後見人か代て婚姻の意思表示を爲すことを得す必す當事者か其意思を表示することを要するなり又禁治產者か婚姻を爲す場合に於ても後見人の同意を得ることを要せす（民、七七四）只或年齡に達させる間は父母の同意を得へきこと後に述へる所なり

八　婚姻に因り他家に入る者は法定の推定家督相續人に非さることを要す

法定推定家督相續人とは戶主の直系卑屬にして其家督を相續すへき第一順位に在る者を謂ひ法定の推定家續相續人は必す其家の家督を相續すへき義務あるものなるを以て婚姻に因りても他家に入ること能はさるものとす（民、七四四）故に法定の推定家督相續人か婚姻に因りて他家に入らんと欲するときは相續人廢除（廢嫡）の手續を經ることを要す廢除の手續は後章家督相續の部に至りて說明すへし

九　父母の同意を得ることを要す

子か婚姻を爲すには其家に在る父母の同意を得ることを要するものとす然れとも此要件は男か滿三十年女か滿二十五年に達したる後には適用なきを以て此年齡に達したる者は父母

の同意を得すして自由に婚姻することを得へし

父母の同意を得へき場合に於て父母の一方か知れさるとき、死亡したるとき、家に在らさるとき又は其意思を表示すること能はさるときは他の一方の同意を得るを以て足り父母共に知れさるとき、死亡したるとき、家を去りたるとき又は其意思を表示すること能はさるときは二十年未滿の者に限り其後見人及ひ親族會の同意を得ることを要するものとす（民、七七二）故に此場合に於て成年者は自由に婚姻を爲すことを得るなり

繼父母又は嫡母か子の婚姻を爲すことに同意せさるときは子は親族會の同意を得て婚姻を爲すことを得るなり此場合に於ては男か三十年女が二十五年以下なるときは縱令二十年以上の者にても親族會の同意を要するなり（民、七七三）

繼父母、嫡母の意義は第一章中に說明したり參照すへし

十　戶主の同意を得ることを要す

婚姻の當事者か家族なるときは其戶主の同意を得ることを要す（民、七五〇）るものとす然れとも此要件は絕對要件に非らすして若し家族か戶主の同意を得すして婚姻を爲したるときは其戶主より離籍せられ又は離婚となりたる場合に於て復籍を拒まるることあるに

過きす離籍及ひ復籍拒絶のことは第三章に於て屢々説明したる所なり
一旦婚姻又は養子緣組に因りて他家に入りたる者か更に婚姻に因り他家に入らんと欲するときは婚家又は養家及ひ實家の戸主の同意を得ることを要す此同意を爲さゝりし戸主は其家族の復籍を拒むことを得るは右に述へたると同一なり
又戸主か婚姻に因りて他家に入らんと欲するときは隱居又は廢家を爲すことを要するは第四章及ひ第五章中に述へたる如し

第二　形式上の要件

婚姻は法律上届出に因りて其效力を生するものとす故に其届出を爲さゝる前に於ては縱令婚姻の儀式を擧くるも法律上其男女間には夫婦の關係を生せさるなり婚姻の形式上の要件とは此届出を指稱するなり
届出の方式に付ては次節に至りて之を明かにすへし
戸籍吏か婚姻届を受理したるときは直に婚姻の效力を生するものなるを以て戸籍吏か之を受理するには以上に揭けたる實質上の要件を具備するや否やを調査し若し其要件を具備せさるときは其届出を受理することを得さるなり但家族の婚姻に付き戸主の同意なきときは戸籍吏

は一旦屆出人に其注意を爲すを以て足れり若し其注意を爲したるに拘はらす當事者か其屆出を爲さんと欲するときは戶籍吏は之を受理すへきものとす(民、七七六)

外國に在る日本人間に於て婚姻を爲さんと欲するときは其國に駐在する日本の公使又は領事に其屆出を爲すことを得此場合に於ても以上に述へたる法則に從ふへきものとす(民、七七七)

第二節　婚姻の無效及ひ取消

婚姻にも亦無效のものと取消さるへきものとあり無效の場合は全く婚姻を爲ささりしものと同一にして初めより何等の效力を生することなし之に反して婚姻の取消の裁判所に於て之を取消すまては法律上其效力を生するも一旦取消さるゝときは其時より婚姻の效力を失ひ無效に歸するものなり

第一　婚姻の無效

婚姻は左の場合に限り無效とす(民、七七八)

一　人違其他の事由に因り當事者間に婚姻を爲すの意思なきとき

二　當事者か婚姻の届出を爲ささるとき但届出の手續に誤りあるも當事者か眞に其届出を爲したるものなるときは婚姻は之か爲めに無效となることなし

婚姻の無效は上述の如く全く法律上に於ては不成立のものなるを以て何人と雖も其無效を主張することを得へく裁判に因りて初めて無效となるものに非されとも若し利害關係人か其無效を承認せさるときは裁判所に對し無效確認の訴を提起することを得るは勿論なり

第二　婚姻の取消

婚姻は左の場合に限り取消さるるものとす而して婚姻の取消は無效の場合と異なり以下に掲くる原因ある場合に於て裁判所に取消の訴を提起し其判決に因りて初めて取消さるゝものとす（民、七七九）而して其取消の原因は前節に掲けたる實質上の要件に瑕疵ある場合に限らるるなり

一　不適齡者か婚姻を爲したるとき

卽ち第一節第一實質上の要件の一に違反したる場合なり此場合に於ては各當事者、其戶主、親族又は檢事より其取消を裁判所に請求することを得然れとも其當事者か適齡に達したる後に於ては其取消を請求すること能はす但不適齡は適齡に達したる後尙三个月間に限り其

婚姻の取消を請求することな得るものとす此場合に於ても適齡に達したる後其婚姻を追認したるときは其取消請求の權なきこと勿論なり（民、七八〇、七八一）

二　配偶者ある者か重ねて婚姻を爲したるとき

卽ち第一節實質上の要件の二に違反したる場合なり此場合に於ては各當事者、其戸主、親族又は檢事の外其當事者の配偶者も其婚姻の取消を請求することを得るものとす（民、七八〇）

三　女か前婚の解消又は取消の日より六个月を經過せさる前に婚姻を爲したるとき

卽ち第一節實質上の要件の三に違反したる場合なり此場合に於ては右一に揭けたる者の外前の配偶者より其婚姻の取消を請求することを得るものとす然れとも其婚姻は前婚の解消若くは取消の日より六个月を經過し又は女か再婚後懷胎したるときは其取消を請求することを得さるものとす（民、七八〇、七八二）

四　相姦者と婚姻を爲したるとき

卽ち第一節前實質上の要件の四に違反したる場合なり此場合に於ては一に揭けたる者の外其當事者の配偶者より其取消を請求することを得るものとす（民、七八〇）

五　血族間に於て婚姻を爲したるとき
卽ち第一節實質上の要件の五に違反したる場合なり此場合に於ては右一に掲けたる者より其婚姻の取消を請求することを得るものとす（民、七八〇）

六　直系姻族間に於て婚姻を爲したるとき
卽ち第一節實質上の要件の六に違反したる場合なり此場合に於ても右一に掲けたる者より其婚姻の取消を請求することを得るものとす（民、七八〇）

七　父母又は後見人及ひ親族會の同意を得すして婚姻を爲したるとき
卽ち第一節實質上の要件の九に違反したる場合なり此場合に於ては其婚姻は同意を爲す權利を有せし者より其取消を請求することを得るものとす（民、七八三）又同意を爲す權利を有せし者か他人の詐欺又は强迫を受け不任意に同意を爲したるものなるときは同しく其取消を請求することを得るものとす
然れとも右に述へたる同意權者の取消權は左の場合に消滅するを以て此場合に於ては其婚姻の取消を請求すること能はさるなり（民、七八四）
（イ）　同意を爲す權利を有せし者か婚姻ありたることを知りたる後又は詐欺を發見し若しく

は强迫を免れたる後六个月を經過したるとき
（ロ）同意を爲す權利を有せし者か追認を爲したるとき
（ハ）婚姻屆出の日より二年を經過したるとき
八　詐欺又は强迫に因り婚姻を爲したるとき
婚姻の當事者か他人の詐欺又は强迫に因り婚姻を爲し其屆出を爲したるときは全く其當事者か婚姻の眞意なかりし場合なるを以て斯る場合に於ては其婚姻を爲したる者より取消の請求を爲すことを得るものとす然れとも當事者か詐欺を發見し若くは强迫を免れたるより三个月を經過し又は其婚姻を爲すことを追認したるときは其取消權を失ふものとす
右に述へたる婚姻の取消は其當事者に限り他の者より取消を請求すること能はさるものとす之れ右一乃至七の場合と異る一點なりとす
九　婿養子緣組の場合に於て其緣組か無效又は取消し得へきものなるとき
婿養子緣組は養子緣組と婚姻との併合したるものにして互に其條件を爲すものとす卽ち養親と養子との間には緣組あり養子と家女との間には婚姻あるものとす故に養子緣組か無效か取消し得へきものなるときは婚姻は重要なる一の條件を失ふ以て婿養子緣組の各當事者

は縁組の無效又は取消を理由として婚姻の取消を請求することを得るものとす但縁組の無效又は取消の請求に附帶して同時に婚姻の取消を請求するも差支なきなり

然れとも右の取消權は當事者か縁組の無效なること又は其取消ありたることを知りたる後三个月を經過するか又は其取消權を拋棄したるときは消滅するを以て斯る場合に於ては最早取消の請求を爲すこと能はさるものとす(民、七八六)

第三　無效及ひ取消の方法

婚姻の無效なる場合は法律上全く不成立なるものなるを以て初めて何等の效力を生せす從て何人に對しても又何人よりも其無效を主張することを得るものなれとも若し利害の關係ある者か其無效たることを承認せさるときは裁判所へ訴訟を提起し其者をして婚姻の無效たることを確認せしむるの必要あり之に反して婚姻の取消は前項に述へたる數個の原因ある場合に於て裁判所の判決に因り初めて無效に歸するものなるを以て苟も婚姻を取消さんと欲する者は如何なる場合に於ても其取消を求むる訴訟を提起せさるへからす

右婚姻の無效又は取消の訴は夫の住所地を管轄する地又は夫か死亡の時に住所を有したる地を管轄する地方裁判所に對して之を提起すへきものとす裁判所に於ては普通の民事訴訟と同

しく種々の證據に依りて其訴訟の當否を判斷し以て相當の判決を爲すへきものとす（人訴一）

第四　無效及ひ取消の效力

婚姻の無效なるときは屢々述へたる如く初めより婚姻を爲さりし場合と同一なるを以て其男女間には初めより夫婦の關係を生せす從て其間に子か出生するも其子は私生子又は庶子となりて嫡出子たる身分を取得することなきは勿論なり之に反して婚姻の取消は其裁判か確定したるとき初めて婚姻か消滅に得するものなれは其前に於ては完全なる效力を生し其間に生したる子は嫡出子たる身分を取得し後日に至り其身分を失ふことなきものとす而して婚姻の當時其取消の原因の存することを知らさりし當事者か婚姻に因りて財産を得たるときは現に利益を受くる限度に於て其返還を爲すを以て足り既に費消したるものは之を返還するの義務なきものとす只婚姻の當時取消の原因の存することを知りたる當事者は其婚姻に因りて取得したる利益の全部を返還することを要し尚ほ相手方か善意なりしときは之に對し損害の賠償を爲すの責任あるものとす（民、七八七）

第三節　婚姻の效力

第一節に掲けたる總ての要件を具備し適法なる婚姻を爲したるときは法律上夫婦の關係を生するを以て其屆出を爲したる日より夫婦は親族となり又夫婦の一方と他の一方の親族との間には姻族關係を生することは第一章中に於ても詳說したる處なり

而して男女か適法に婚姻を爲したるときは妻は其婚姻に因りて當然夫の家に入り其家の一家族となるものとす只入夫婚姻及ひ婿養子の場合に於ては夫は妻の家に入るへきものなること勿論なり孰れの場合に於ても夫婦は互に同棲を爲す權利及ひ義務を有し如何なる原因あるも別居を强制すること能はさるものとす

適法に婚姻を爲したる男女間に生れたる子は其嫡出子たる身分を取得すること言を俟たすと雖も庶子は其父母の婚姻に因りて嫡出子たる身分を取得し又婚姻中父母か私生子を認知したるときは其時より嫡出子たる身分を取得するものなるを以て(民、八三六)婚姻を爲したる男女か其婚姻前に子を擧けたるときは婚姻の一效力として其子の身分に變動を及ほすものとす

其他婚姻の效力として夫婦間の財產關係に付き種々なる規定あれとも財產に關する問題は本書の範圍に屬せさるを以て全部之を省略せり(民、七九三以下)

第四節　婚姻の届出

第一　届の期間

婚姻は届出に因りて初めて其效力を生するものなること屢〻述へたる如くなるを以て届出前に婚姻なきは勿論なれは其届出の期間に付て何等の規定なきは論を俟たす
只婚姻の無效又は取消の裁判ありたるときは其訴を提起したる者は裁判確定の日より一个月内に裁判の謄本を提出して登記の取消を申請することを要するものとす（戸、一〇六）

第二　届出の管轄

婚姻の届出は夫の本籍地又は所在地の戸籍吏に其届出を爲すことを要するも入夫婚姻又は婿養子縁組なるときは妻の本籍地又は所在地に於て其届出を爲すことを要するものとす（戸、一〇四）
夫及ひ妻の本籍地か同一戸籍吏の管轄内に在るときは届書は一通にて足るも若し其本籍地か異なるときは届書は二通を要す又所在地に届出を爲す場合に於ては右の區別に伴ひ二通又は三通を必要とす

第三　屆出義務者

婚姻の屆出は其當事者即ち夫婦となるへき者と成年の證人二人以上より口頭又は署名したる書面を以て之を爲すへきものとす（民、七七五、）而して婚姻の屆出義務者は自ら戸籍吏の面前へ出頭して其屆出を爲すことを要し疾病其他の事故に因り戸籍吏の面前へ出頭すること能はさるときと雖も代理人を差出すことを得さるものとす（戸、一〇八、五八）

第四　屆出の要件

婚姻の屆書には左の諸件を記載することを要す（戸一〇二、）

一　當事者の氏名、出生の年月日及ひ本籍地

二　父母の氏名、職業及ひ本籍地

三　當事者か家族なるときは戸主の氏名、職業及ひ本籍地

四　入夫婚姻又は婿養子緣組なるときは其旨

五　入夫婚姻の場合に於て入夫か戸主と爲らさるときは其旨

六　婚姻に因りて嫡出子たる身分を取得する庶子あるときは其名及ひ出生の年月日

當事者の一方か婚家又は養家より更に婚姻に因りて他家に入る場合に於ては前項に掲けたる

事項の外前婚家の戸主又は養親の氏名、職業及ひ本籍地を記載することを必要とす
當事者か婚姻を爲すに付き第一節に述へたる如く戸主、父母、後見人又は親族會の同意を要する場合に於ては屆出人は屆書に同意の證書を添へ又は同意を爲したる者をして屆書に同意の旨を附記し之に署名捺印せしむることを要するものとす（戸、一〇三）
口頭を以て婚姻の屆出を爲さんとする場合に於ては以上に掲けたるを要件を戸籍吏に對して陳述することを要するなり（戸一〇七、）
尚屆出の方式に付ては第二章通則の説明及ひ左の書式を參照すへし

第三十九例

◉婚姻屆書式

其一　普通の場合

婚　姻　屆（用紙半紙 屆書二通）

東京市日本橋區芳町貮拾番地
戸主無職業伊八長男平民疊職
父　無職業　茂木伊八
母　　　　　なつ　長男

右婚姻候間此段及御屆候也

明治　年　月　日

東京市淺草區吉野町拾八番地

戸主質商金助二女平民無職業

茂木留吉

明治年月日生

父　江口金助
母　無職業　りん　三女

妻　江口いくよ

明治年月日生

茂木留吉㊞

江口いくよ㊞

東京市赤坂區仲ノ町九番地代書業

證人　山内冬彦㊞

生年月日

東京市小石川區竹早町五番地官吏

證　人　坂　本　　　茂㊞

生　年　月　日

東京市日本橋區戸籍吏何

某殿

右婚姻ニ同意ス

留吉ノ實父
戸主　茂　木　伊　八㊞

生　年　月　日

留吉ノ實母　茂　木　な　つ㊞

生　年　月　日

いくよノ實父
戸主　江　口　金　助㊞

生　年　月　日

いくよノ實母　江　口　り　ん㊞

生　年　月　日

第四十例

◉婚姻屆書式

其二　入夫婚姻の場合

入夫婚姻屆（用紙半紙屆書二通）

東京市深川區佃町貳百〇八番地

戶主平民日傭稼

父亡　魚商平野榮吉
母亡　無職業　いさ

長女

妻　平　野　い　ま

明治　年　月　日生

東京市深川區永堀町五拾參番地

戶主無職業信吉弟平民鳶職

父　鳶職石井勇次
母　無職業　まつ

二男

夫　石　井　龜　吉

明治　年　月　日生

右入夫婚姻候間此段及御屆候也

明治　年　月　日

平野いま㊞

石井龜吉㊞

東京市日本橋區室町壹丁目七番地

鳶職

證人　伊原源兵衛㊞

生年月日

東京市神田區花房町九番地

土方職

證人　今堀三五郎㊞

生年月日

東京市深川區戸籍吏何某殿

右入夫婚姻ニ同意ス

龜吉ノ實父　石井勇次㊞

同實母　石井まつ㊞
生年月日

同戸主　石井信吉㊞
生年月日

（注意）
此書式は入夫か戸主と爲る場合を示したるものなり故に入夫か戸主と爲らさるときは右夫の本籍氏名年齢の次へ「入夫は戸主と爲らす」と記載すべし

第四十一例

◉婚姻屆書式

其三　婿養子婚姻の場合

婿養子婚姻屆（用紙半紙 屆書二通）

大阪府日根郡尾崎村參番地
戸主農榮助妹平民無職
父 農 菅原力造
母 無職業 てる 長女

右婿養子婚姻致候條此段及御届候也

明治　年　月　日

妻　管原みと

明治年月日生

兵庫縣有馬郡相野村四百拾六番地

戸主農友松甥平民無職業

夫　佐藤和太郎

明治年月日生

父　大阪府東成郡玉造八番地農　水野熊造二男

母　無職業　りう

管原みと㊞

佐藤和太郎㊞

大阪府西成郡北野村四拾五番地

農

証人　岸田九一郎㊞
生年月日

大阪府東區瓦町拾七番地
白米商
證人　高見權五郎㊞
生年月日

大阪府日根郡尾崎村戸籍吏何
某殿

みとノ實父　管原力助㊞
生年月日

同　實母　管原てる㊞
生年月日

右婿養子婚姻ニ同意ス

みとノ實家戸主　管原榮助㊞
生年月日

和太郎ノ實家
戸主　佐藤友松㊞
生年月日

（注意）
婿養子縁組の届出には此婚姻屆の外養子縁組屆を爲すことを要す

第四十二例

◉婚姻屆書式

其四　戸内婚姻の場合

婚姻屆（用紙半紙　屆書一通）

東京市京橋區桶町拾五番地
戸主洋物商宇平二男無職
父　水谷宇平
母　無職業りつ　二男
夫　水谷小三郎
明治年月日生

東京市京橋區桶町拾五番地

右戸内ニ於テ婚姻候間此段及御届候也

明治　　年　　月　　日

戸主洋物商字平長男亡佐一妻平民

無職

父　赤坂區丹後町八番地雑貨商　川口武七

母亡　無職業　ハマ

長女

妻　水谷初江

明治年月日生

水谷小三郎㊞

水谷初江㊞

東京市四谷區内藤町九拾八番地

牛乳商

證人　森野富七㊞

生年月日

群馬縣前橋市立川町拾貳番地

小間物商
證人　小暮萬三郎㊞
生年月日

東京市京橋區戸籍吏何某殿

右婚姻ニ同意ス

小三郎ノ父　水谷宇平㊞
生年月日

小三郎ノ母　水谷りつ㊞
生年月日

第四十三例

◉婚姻屆書式

其五　庶子ある場合

婚姻屆（用紙半紙屆書二通）

栃木縣下都賀郡壬生町五番地

戸主平民飲食店營業

父亡農中村平松
母　無職業つる　長男

夫　中村鎌吉

明治　年　月　日生

栃木縣足利郡毛野村八拾番地

戸主農元藏妹平民無職業

父亡農只野與市
母亡無職業とい　四女

妻　只野もよ

生年月日

父母ノ婚姻ニ依リ嫡出子ノ身分ヲ取得ス

鎌吉庶子　男　眞一

生年月日

同　鎌吉庶子　女　せん

生年月日

右婚姻候間此段及御屆候也

明治　年　月　日

下都賀郡壬生町戸籍吏何　某殿

右婚姻ニ同意ス

もよノ實家
戸主　只野元藏㊞

生年月日

第四十四例

◉婚姻届書式

其六　養家より他家に婚嫁する場合

婚姻届（用紙半紙 届書二通）

埼玉縣北葛飾郡早稻田村貳番地

戸主平民農

父亡農鏡虎之進
母無職業ちか　長男

夫　鏡　久　之　助

生年月日

右婚姻候間此段及御届候也

明治　年　月　日

千葉縣葛飾郡流山町拾六番地

戸主農文作養女平民無職業

父　千葉縣印旛郡和田村八番地農　湯川作次

母　埼玉縣南埼玉郡越谷町貳百九拾參番地農　瀧本のぶ　二女

妻　立花きみ

生年月日

右養父千葉縣東葛飾流山町拾六番地

農　立花文作

右養母無職業　立花すて

鏡久之助㊞

立花きみ㊞

埼玉縣北埼玉郡加須町五番地茶商

證人　松本倉三郎㊞
生年月日

千葉縣南葛飾郡松戸町拾貳番地
染物職
證人　金子初太郎㊞
生年月日

北葛飾郡早稻田村戸籍吏
某殿

右婚姻ニ同意ス

久之助ノ實母　鏡ちか㊞
生年月日

きみノ養家戸主養父　立花文作㊞
生年月日

きみノ養母　立花すて㊞
生年月日

第四十五例

◉婚姻屆式

其七　婚家より他家へ婚嫁する場合

婚姻屆（用紙半紙 屆書二通）

きみノ實家戸主　湯川作次㊞

生年月日

東京市牛込區袋町拾八番地

戸主平民會社員

夫　岡田義治

元治年月日生

東京市芝區二葉町九番地戸主

印刻師貢弟亡剛妻平民教員

父　四谷區船町六番地　官吏　内田盛衞

母　無職業　空子

長女

妻　青山靜枝

右婚姻候間此段御屆候也

明治　年　月　日

明治年月日生

右婚家戸主芝區二葉町九番地印刻師

青山　貢

岡田義治㊞

青山靜枝㊞

東京市淺草區福吉町壹番地官吏

證人　廣瀨大輔㊞

生年月日

東京市本所區長崎町貳拾番地

製圖業

證人　狩野良清㊞

生年月日

東京市牛込區戸籍吏何　某殿

右婚姻に同意す

戸主　青　山　貢㊞

生年月日

第四十六例

◉婚姻登記取消申請届書式

其一　婚姻の無效なる場合

婚姻登記取消申請（用紙半紙屆書二通）

東京市神田區西福田町貳番地

戸主土方職平松長男平民無職業

夫　多　田　豐　次　郎

生年月日

妻無職業多　田　と　き　ゑ

生年月日

右ときゑ實家東京市淺草區
小島町拾番地洋物商
山崎治郎八
右明治　年　月　日婚姻及御屆候處別紙證明書ノ事由ニ依リ該婚姻ハ無效ナルヲ以テ前記屆出ニ因ル婚姻登記ヲ御取消相成度此段申請候也
明治　年　月　日
申請人
多田豊次郎㊞
多田ときゑ㊞
東京市神田區戶籍吏何　某殿

第四十七例

㊀婚姻登記取消の申請書式

其二　婚姻の無效又は取消の裁判確定したる場合

婚姻登記取消申請（用紙半紙屆書二通）

東京市神田區西福田町貳番地

戸主土方平松長男平民無職業
夫　多田豊次郎
生年月日
妻無職業　多田とき系
生年月日
右とき系實家東京市淺草區
小島町拾番地洋物商
山崎治郎八
右明治　年　月　日婚姻及御屆候處右婚姻無效（又ハ取消）ノ裁判カ明治　年　月　日確定致候ニ付前記屆出ニ因ル婚姻登記ヲ御取消相成度別紙裁判ノ謄本相添ヘ此段申請候也
明治　年　月　日
起訴者　多田豊次郎㊞
東京市神田區戸籍吏何　某殿

第七章　離　婚

離婚には夫婦の協議を以てするものと其協議か成立せさる爲め裁判所へ出訴し判決に因りて離婚せらるゝものとあり

第一節　協議上の離婚

夫婦は何時にても其協議を以て離婚を爲すことを得るものにして其協議か成立したるときは何等の原因に基くも有效に離婚することを得るものとす（民、八〇八）然れとも滿二十五年に達せさる者か協議上の離婚を爲すには婚姻を爲すに付き同意を爲す權利を有する者の同意を得ることを必要とす婚姻を爲すに付き同意を爲す權利を有する者とは既に婚姻の部に於て説明したる如く家に在る父母を指すものにして父母の一方か知れさるとき、死亡したるとき、家を去りたるとき又は其意思を表示すること能はさるときは其一方を指し又父母共に此等の事由あるときは未成年の夫又は妻は其後見人及ひ親族會を指すものとす若し繼父母又は嫡母か子の離婚を爲すに付き同意せさるときは子は親族會の同意を得て離婚を爲すこと

を得るものとす(民、八〇九)

離婚は夫婦自ら其協議を爲すことを要するを以て未成年者と雖も其法定代理人か代つて離婚を爲すこと能はさるは勿論禁治産者か離婚を爲すに付ても後見人の同意を得るの要なく單獨にて離婚の協議を爲すことを得るものとす然れとも禁治産者は心神喪失の常態に在るものなるを以て實際心神喪失せる時には離婚の協議を爲すこと能はさるは固よりなり只禁治産者と雖も時々本心を回復することあるへきを以て其回復中には有效に離婚を爲すことを得るなり(民、八一〇)

離婚も亦戸籍吏に對し其屆出を爲すに因りて其效力を生すること婚姻の場合と同一なり故に實際夫婦間に離婚の協議か成立し事實上夫婦の關係を絶つも其屆出を爲ささる以上は法律上未た離婚ありと謂ふを得さるものとす從て其屆出前に女か他の男と私通するときは姦通罪の處罰を受くるに至るは勿論なり(民、八一一)

第二節　裁判上の離婚

夫婦間に離婚の協議か成立したるときは何時にても隨意に離婚を爲し得ることを前節に説明

したる如しと雖も若し夫婦の一方か離婚を希望するに拘はらす他の一方か之を承諾せさるときは協議上の離婚を爲すこと能はさるを以て裁判上其一方に對し離婚を請求せさるへからす

第一　裁判上の離婚の原因

裁判所に對して離婚の訴を提起するには一定の原因の存在することを要す而して其原因は左に掲くるものに限らるゝを以て此以外の場合に於ては如何に重大なる理由あるときと雖も離婚の請求を爲すことを得さるなり

夫婦の一方は左の場合に限り離婚の訴を提起することを得(民、八一三)

一　配偶者か重婚を爲したるとき

重婚とは配偶者ある者か重ねて他の者と婚姻を爲したる場合を謂ふ戶籍吏は重婚の屆出を受理すること能はさるを以て普通の場合に於ては重婚なることを生せさるへしと雖も若し戶籍吏か故意又は過失に因り戶籍上配偶者ある者か他の者と婚姻を爲す旨の屆出を受理したるときは所謂重婚したるものなるを以て離婚の原因となるものとす重婚は刑罰に觸るゝものなれとも重婚か離婚の原因となるには其配偶者か刑に處せられたることを要せす只其屆出を爲したるを以て足る

二　妻か姦通したるとき

姦通とは有夫の婦か他の男と私通するを謂ふなり故に妻か姦通したるときは夫は直に離婚の訴を提起することを得るものにして其妻又は姦夫か刑に處せられたることを必要とせす

三　夫か姦淫罪に付き刑に處せられたるとき

姦淫罪とは强姦、姦通等を謂ひ夫か此等の罪を犯し處刑せられたるときは妻は直に離婚の訴を提起することを得るものとす然れとも夫か處刑せられたることを必要とするを以て夫が實際他の女を强姦し又は他人の妻と姦通するも未だ處刑せられざる間は此訴を提起することを得さるなり

四　配偶者か僞造、賄賂、猥褻、竊盜、强盜、詐欺取財、横領、贓物に關する罪、封印破棄竊盜若くは賭場開張罪に因り罰金以上の刑に處せられ又は其他の罪に因り懲役三年以上の刑に處せられたるとき

此場合に於ては處刑を受けざる配偶者より離婚の訴を提起することを得れとも此等の處刑を受けたる者は其配偶者に同一の事由あるも離婚の訴を起すこと能はさるなり（民、八一五）

以上一乃至四の場合に於て夫婦の一方か他の一方の行爲に同意したるときは離婚の訴を提起

することを得さるものとす（民、八一四ノ一）

五　配偶者より同居に堪へざる虐待又は重大なる侮辱を受けたるとき

六　配偶者より惡意を以て遺棄せられたるとき

七　配偶者の直系尊屬より虐待又は重大なる侮辱を受けたるとき

以上一乃至七の場合に於て夫婦の一方か他の一方又は其直系尊屬の行爲を宥恕したるときは離婚の訴を提起すること能はさるものとす（民、八一四ノ二）

八　配偶者か自己の直系尊屬に對し虐待を爲し又は重大なる侮辱を加へたるとき

以上一乃至八の事由に因る離婚の訴は之を提起する權利を有する者が離婚の原因たる事實を知りたる時より一年を經過し又は其事實發生の時より十年を經過したるときは其訴を提起することを得ざるものとす（民、八一六）

九　配偶者の生死か三年以上分明ならざるとき

此場合に於ても離婚の訴を提起することを得れとも其配偶者の生死か分明となりたるときは之を提起することを得さるは勿論なり（民、八一七）

十　婿養子緣組の場合に於て離緣ありたるとき又は養子か家女と婚姻を爲したる場合に於て

離緣若くは緣組の取消ありたるとき此場合に於ては其配偶者の一方より離婚の訴を提起することを得るものにして若し離緣又は緣組取消の請求ありたるときは之に附帶して離婚の請求を爲すも妨けさるなり然れとも當事者か離緣又は緣組の取消ありたることを知りたる後三个月を經過し又は離婚請求の權利を抛棄したるときは離婚の訴を提起することを得さるものとす（民、八一三）夫婦か養子となり又は養子か養親の他の養子と婚姻を爲したる場合に於て妻か離緣に因りて養家を去るへきとは夫は其選擇に從ひ離緣を爲し又は離婚を爲すことを要するものとす（民、八七六）

第二　離婚の訴

以上に揭けたる場合に於て配偶者の一方より提起すへき離婚の訴は夫か普通裁判籍を有する地卽ち住所を有する地を管轄する地方裁判所に提起すへきものとす但前項十の場合に於て緣組事件に附帶し離婚の請求を爲すときは其緣組事件を管轄する地方裁判所へ離婚の訴を起すことを得（人訴、一）

裁判所に於て此訴を受理したるときは普通の民事訴訟と同しく各證據に依りて其請求の當否

を判斷し全く離婚の原因ありと認むるときは判決を以て離婚の言渡を爲すへきものとす

第三節　離婚の效力

離婚は夫婦關係の廢滅なるにより當事者か協議上又は裁判上離婚を爲したるときは其時より婚姻の效力を消滅すへきものなるを以て其婚姻に因りて他家に入りたる者は離婚と同時に實家に復籍すへく若し實家の戶主より復籍を拒れたるとき又は實家か廢家若くは絕家となり復籍を爲すこと能はさるときは其者は一家を創立し又は其廢絕したる家を再興することを得るは第三章中に詳說したる如し

若し離婚を爲したる夫婦間に子あるときは其子の父母は子の監護を爲すへき者を定むることを得るものとす然れとも其協議を以て子の監護者を定めさるときは其監護は父に屬し父か離婚に因りて婚家を去りたる場合に於ては其子の監護は母に屬するものとす尙裁判上離婚の場合に於ては裁判所は離婚の判決を爲すと同時に子の利益に必要なる監護處分を命することを得へし（民、八一二、八一九）

第四節　離婚の届出

第一　届出期間

離婚も婚姻と同しく届出に因りて初めて其效力を生すること前數節に說明したる如くなるを以て其届出を爲すに付き固より一定の期間なきこと明かなり

只離婚の裁判か確定したるときは其訴を提起したる者は裁判確定の日より十日內に裁判の謄本を添へて其届出を爲すことを要するものとす(戶、一一一)

第二　届出の管轄

離婚の届出は當事者の本籍地又は所在地の戶籍吏に之を爲すことを得るものとす

本籍地に届出を爲す場合に於て當事者の本籍地か同一戶籍吏の管轄內に在るときは届書は一通を以て足るも若し其管轄を異にするときは届書二通を要す又所在地に届出を爲す場合に於ては當事者の本籍地か同一戶籍吏の管轄內なると否とに因り二通又は三通の届出を必要とす但復籍すへき實家なき者の届書は本籍地に爲す場合には一通を以て足り所在地に届出つる場合には二通を必要とす

第三　届出義務者

離婚の届出は其當事者即ち夫婦と成年の證人二人以上より口頭又は署名したる書面を以て之を爲すへきものとす（民、八一〇、七七五）而して離婚の届出義務者は自ら戸籍吏の面前へ出頭して其届出を爲すことを要し疾病其他の事故に因り戸籍吏の面前へ出頭すること能はさるときと雖も代理人を差出すことを得さるものとす（戸、一一三、五八）

第四　届出の要件

離婚の届書には左の事項を記載することを要するものとす（戸、一〇九）

一　當事者の氏名、職業及ひ本籍地

二　父母の氏名、職業及ひ本籍地

三　當事者か家族なるときは戸主の氏名、職業及ひ本籍地

四　婚姻の年月日

五　離婚か協議又は裁判に因ること

六　當事者か復籍すへき家の戸主の氏名、職業及ひ本籍地

七　當事者の復籍すへき家なきときは其事由

當事者か離婚を爲すに付き第一節に述へたる如く父母、後見人又は親族會の同意を要する場合に於ては屆出人は屆書に同意の證書を添へ又は同意を爲したる者をして屆書に同意の旨を附記し之に署名捺印せしむることを要するものとす(戶、一一〇)

口頭を以て離婚の屆出を爲さんと欲するときは以上に掲けたる要件を戶籍吏に對し陳述することを要するなり(戶、一一二)

尙屆出の方式に付ては第二章通則の說明及ひ左の書式を看るへし

第四十八例

◉離婚屆書式

其一　普通の場合

離　婚　屆　(用紙半紙 屆書二通)

東京市神田區西福田町貳番地
戶主士方平松長男平民無職業
父 多田平松
母 ひて長男
無職業
夫　多　田　豐　次　郞

明治年月日生

父　東京市淺草區小島町拾番地　洋物商　山崎治郎八

母　無職業　しも　三女

妻　無職業　多田ときゑ

明治年月日生

東京市淺草區小島町拾番地洋物商

ときゑノ復籍スヘキ家ノ戶主　山崎治郎八

右明治年月日婚姻候處今般協議ノ上離婚候間此段及御屆候也

明治年月日

多田豐次郎㊞

多田ときゑ㊞

東京市麻布區笄町六番地農

證人　屋代利三郎㊞

生年月日

東京市小石川區關口町壹番地

書籍商

證人　柳原九八郎㊞
生年月日

右離婚ニ同意ス

東京市神田區戸籍吏何

某殿

豐次郎ノ父　多田平松㊞
生年月日

豐次郎ノ母　多田ひで㊞
生年月日

ときゑノ父　山崎治郎八㊞
生年月日

ときゑノ母　山崎しも㊞
生年月日

第四十九例

◉離婚届書式

其二　入夫離婚の場合

入夫離婚届（用紙半紙 届書二通）

東京市京橋區弓町拾九番地

戸主平民教員

父亡 官吏内田守邦
母亡 無職業 とく長女

妻　内　田　み　き

明治年月日生

父 麻布區狸穴町五拾八番地 會社員大山兵原二男
母 無職業 たみ

夫公吏内　田　幸　作

明治年月生

東京市麻布區狸穴町五拾八番地

無職業

幸作ノ復籍スヘキ家ノ戸主

兄　大　山　勉　三

右明治　年　月　日入夫婚姻候處今般協議上離婚候間此段及御屆候也
明治　年　月　日
内　田　み　き㊞
内　田　幸　作㊞
東京市牛込區榎町五番地紙商
證　人　小　川　民　藏㊞
生　年　月　日
東京市赤坂區青山參拾七番地
肥料商
證　人　和　田　小　市㊞
生　年　月　日
東京市京橋區戸籍吏何　某殿

右離婚ニ同意ス
幸作ノ父　大　山　兵　原㊞

生年月日

同母　大山たみ㊞

生年月日

第五十例

◉離婚屆書式

其三　裁判上の離婚の場合

離婚屆（用紙半紙 屆書二通）

東京市下谷區簞笥町拾九番地

戸主藥種商順平長男平民無職

父　落合順平

母　無職業　さよ　長男

夫　落合乙次

明治年月日生

父　茨城縣新治郡高濱町九番地　銕物商今泉安治

母　無職業　ひろ　三女

妻　落合花子

明治年月日生

茨城縣新治高濱町九番地

公吏

花子カ復籍スヘキ家ノ戸主　兄　今泉又雄

右明治　年　月　日婚姻候處明治　年　月　日離婚ノ裁判確定致候ニ付別紙裁判ノ謄本相添ヘ此段及御届候也

明治　年　月　日

起訴者

落合花子㊞

東京市下谷區戸籍吏何　某殿

第五十一例

◉離婚届書式

其四　婿養子か離縁を爲さすして離婚を爲す場合

離婚届（用紙半紙届書一通）

東京市深川區扇町貳拾八番地
戸主鑄物師駒吉婿養子平民
鑄物師
父　牛込區中町六番地酒商平井九平
母　無職業　みん　二男
夫　三浦爲次郎
明治年月日生
父　三浦駒吉
母　無職業　とり　三女
妻　三浦ゆう
明治年月日生

右明治　年　月　日婚姻候處今般協議ノ上離婚候間此段及御屆候也

明治　年　月　日

三浦爲次郎㊞
三浦ゆう㊞

東京市麻布區永坂町八番地錺職

証　人　瀧　口　長　三　郎㊞
生年月日

東京府南葛飾郡五ノ橋町七番地
船乗業

証　人　河　西　作　次　郎㊞
生年月日

東京市深川區戸籍吏何　某殿

夫ノ養父
妻ノ實父
三　浦　駒　吉㊞
生年月日

夫ノ養母
妻ノ實母
三　浦　と　り㊞
生年月日

右離婚ニ同意ス

第五十二例

◎離婚届書式

其五　復籍すへき家なき者の離婚する場合

離婚届（用紙半紙　届書一通）

大阪府豊島郡麻田村四百番地
戸主平民農
父　亡農下村正吉
母　無職業かれ二男
夫　下村伊三郎
明治年月日生
母　大坂府堺市榮橋通拾四番地料理店井上つま私生子女
妻　無職業　下村さだ
明治年月日生

右さだハ實家大阪市北區鳴尾町貳拾九番地井上氏ヲ廢家ノ上婚姻シタルヲ以テ復籍スヘキ家ナシ
右明治　年　月　日婚姻候處今般協議ノ上離婚候間此段及御届候也
明治　年　月　日

下村伊三郎㊞
下村さだ㊞
大阪市東區釣鐘町六番地骨董商
證入 林周吉㊞
生年月日
大阪市南區横堀五丁目拾壹番地
雜貨商
證人 豊村政治郎㊞
生年月日
大阪府豊島郡麻田村戸籍吏何某殿

第八章 出生

第一節 出生の效果

人は出生に因りて初めて權利を得義務を負ふの能力を取得するものにして一切の私權の享有

は出生に始まるものとす(民、一)故に人の出生は身分又は財產に關し法律上種々なる效果を生することと勿論なり之を略說すれは左の如し

第一　身分上に及ほす效果

人は出生と同時に法律上の人となり種々なる身分を取得す例へは家督相續人となりて戶主權を取得し又遺產相續人となりて其遺產を相續することを得るか如き又例へは父母若くは後見人の監護及ひ敎育を受くるの權利を取得する如き何れも人の出生と同時に生するものなり而して私權の享有は出生に始まり死亡に至るまて毫も渝らさるものなるを以て長するに從ひ種々なる身分上の權利を取得し又義務を負ふことは各章に於て詳細說明する所なりとす

第二　財產上に及ほす效果

人は出生に因り財產上の主體となり何人と雖も自ら權利者又は義務者となり得るものとす例へは出生と同時に家督又は遺產相續を爲して其財產を承繼し又は他人より金錢其他の物を借入れ其債務者となるか如し財產上に關する詳細なる事項は本書に於て說明すること能はさるを以て玆には之を省略せり

第二節　嫡出子、庶子及ひ私生子の區別

嫡出子、庶子及ひ私生子は相續　他に算し身分上種々なる差異を生するものなるを以て生れたる子か嫡出子なるや庶子又は私生子なるやは出生の届出を爲すに際し能く之を明にし後日の紛爭を釀ささることに注意せさるへからす

法律上嫡出子とは正當に婚姻の届出を爲したる男女間に生れたる子を謂ひ正當に婚姻の届出を爲したる夫婦間に妻の懷胎したる子は離婚又は夫の死亡後に生れたるときと雖も夫の子と推定せられ又婚姻届出の日より二百日後又は婚姻の解消（離婚及ひ夫の死亡）又は取消の日より三百日內に生れたる子は婚姻中に懷胎したるものと推定せらるゝを以て其子は嫡出子たる身分を取得するものとす然れとも正當に婚姻の届出を爲したる夫婦間に生れたる子と雖も實際夫の胤に非さることあるへきを以て法律は斯る場合に於て夫は妻の生みたる子か自己の子に非さることを主張し裁判所へ嫡出子否認の訴を起すことを得るものとせり（民、八二〇、八二二）此訴訟に於て夫の請求相立つときは其子は嫡出子たる身分を失ひ他人の庶子又は私生子となるものとす

庶子とは正當に婚姻の屆出を爲ささる男女間に生れたる子にして父の認知したるものを謂ひ私生子とは正當に婚姻の屆出を爲ささる男女間に生れたる子にして父の認知せさるものを謂ふ故に婚姻の儀式を擧けたる男女間に生れたる子と雖も來た婚姻の屆出を爲ささる者は法律上夫婦に非さるを以て庶子又は私生子となり嫡出子たることなし尤も正當に婚姻の屆出を爲ささる男女間に生れたる子にして父か之を認知したる後其男女か婚姻の屆出を爲したるときは其子は父母の婚姻に因りて嫡出子たる身分を取得し又父母か婚姻したる後其前に生れたる私生子を認知したるときは其認知の時より嫡出子たる身分を取得するものとす是等の認知は子の死亡したる後に於ても之を爲すことを得るを以て若し死亡したる子に子あるときは其子は父の認知に因りて嫡孫たるの身分を取得するに至るへし（民、八三六）

前夫との婚姻か解消したる後六个月内に女か再婚を爲し子を分娩したる場合に於て協義上其子の父を定むること能はさるときは裁判所に於て之を定むるものとす（民、八二一）故に其子は此裁判に於て或は前夫又は後夫の嫡出子となり或は他の男の庶子となるものとす

家族の庶子及ひ私生子は戸主の同意あるに非されは其家籍に入ることを得さるを以て此の同意を得ること能はさるときは庶子は母の家に入り私生子は一家を創立するものとす（民、七三

五）

第三節　嫡出子の出生屆出

第一　屆出の期間

嫡出子の出生ありたるときは其日より起算して十日內に其屆出を爲すことを要し（戶、六八）此期間內に屆出を爲さゝる時は過料に處せらるゝこと既に述へたるか如し（第二章第三節參照）出生の屆出を爲さゝる前に其子か死亡したるときは出生屆の外死亡屆を爲すことを要するものとす（戶、七七）

第二　屆出の管轄

嫡出子の出生屆は出生地又は父母の本籍地若くは寄留地の戶籍吏に之を爲すへきものとす（戶、六九）

汽車又は船海日誌を備へさる船舶中にて嫡出子の出生ありたるときは其到着地を以て出生地と看做さるるを以て其地に於ても出生の屆出を爲すことを得へし（戶、七〇）

第三　屆出義務者

嫡出子の出生屆出は父より之を爲すへきものとす父か妻の子の嫡出なることを否認せんとする場合に於ても先つ出生の屆出を爲す義務あり(民、八二二、戸、七二)

嫡出子出生の屆出は左の場合に於て母より之を爲すことを要するものとす(戸、七一)

一　父か屆出を爲すこと能はさる場合

例へは父の行方不明なるとき又は精神喪失中なるときの如し

二　父か子の懷胎後出生前に離婚又は離緣に因り其家を去りたる場合　父か離婚に因り其家を去りたる場合とは母か女戸主にして父か其入夫たりしとき離婚したる場合を謂ひ父か離緣に因り其家を去りたる場合とは父か婿養子たりしとき離緣したる場合を謂ふなり

三　父母共に子の懷胎後出生前に離緣に因りて其家を去りたる後其子の出生前に母か實家に復籍したる場合　卽ち父か婿養子たりし場合に於て子の懷胎後離緣となり母と共に一旦其家を去りたるも子の出生前に父母か離婚を爲し母のみ實家に復籍したる場合なり

四　父の未定なる場合　卽ち母か前夫との婚姻の解消したる後六个月内に他の男と再婚を爲したる場合に於て子を分娩し其子の夫を定むること能はさる爲め裁判所か出生子の父を定むへき場合なり此場合には屆書に父の未定なる事由を記載することを要す(戸、七三)

父又は母か出生届出を爲すこと能はさる場合には左に掲けたる者か其順序に從ひ其届出を爲すの義務を負ふものとす

一　戸主　子の父又は母以外の者か戸主たるとき

二　同居者　同居者數人あるときは其中の一人より届出を爲すを以て足る

三　分娩に立會ひたる醫師又は產婆　數人あるときは同上

四　分娩を介抱したる者　數人あるときは同上

病院、監獄其他の公設所に於て子の出生ありたるも父又は母より届出を爲すこと能はさるときは病院、監獄又は其他の公設所の長若くは管理人より出生の届出を爲すことを要す（戸、七四）

第四　届出の要件

嫡出子の出生届書には左の諸件を記載することを要す

一　子の氏名及ひ男女の別

二　出生の年月日時及ひ場所

三　父母の氏名、族稱、職業及ひ本籍地

四　出生子の入るへき家の戸主の氏名、族稱、職業及ひ本籍地
五　國籍を有せさる者の子なるときは其旨
六　出生子の父未定の爲め裁判所か其父を定むへき場合に於ける出生屆書には父の未定なる事由

尙屆出の方式に付ては第二章通則の說明及ひ左の書式を看るへし

第五十三例

㊀戸主の嫡出子出生屆書式

其一　本籍地の戸籍吏に屆出を爲す場合（用紙半紙屆書一通）

出　生　屆

東京市京橋區桶町拾壹番地
戸主平民材木商
父　山　本　權　八
母　無職業　ナ　カ
出生子　長男　幸　三　郎

出生ノ時　明治四拾貳年拾月拾日午前七時
出生ノ場所　東京市京橋區桶町拾壹番地

右出生及御屆候也
明治四拾貳年拾月拾五日
届出人　山本權八㊞
明治元年貳月九日生

東京市京橋區戸籍吏何　某殿

第五十四例
◉戸主の嫡出子出生屆書式
其二　寄留地の戸籍吏に屆出を爲す場合（用紙半紙屆書二通）

出生屆

東京市本所區北二葉町七番地
戸主平民荒物商
寄留地東京市本郷區弓町九番地

父　川上丈七
母　無職業　クラ
出生子　長女　とら
出生ノ時　明治　年　月　日　時
出生ノ場所　東京市本郷區弓町九番地
右出生及御屆候也
明治　年　月　日
屆出人　川上丈七㊞
明治年月日生
東京市本郷區戸籍吏何　某殿

（注　意）
出生地の戸籍吏に屆書を爲す場合も此例に準すへし

第五十五例

◉戸主の嫡出子出生屆書式

其三　父か未成年者なる場合（用紙半紙 届書一通）

出生届

東京市神田區今川小路壹丁目
壹番地戸主平民白米商
父　木村市造
母　無職業　うめ
出生子　次女　クメ

出生ノ時　明治　年　月　日
時出生ノ場所　東京市神田區今川小路壹丁目壹番地

右出生及御屆候也
明治　年　月　日
右父市造未成年（明治　年　月　日生）ニ付キ後見人
東京市芝區烏森町九番地平民
銀行員

屆出人　山　口　六　郎㊞
慶應參年拾月六日生

東京市神田區戸籍吏何　某殿

（注　意）
未成年者たる父の親權者より屆出を爲す場合も之に準すへし

第五十六例
㊙家族の嫡出子出生屆書式
其一　本籍地の戸籍吏に屆出を爲す場合（用紙半紙屆書一通）

出　生　屆

東京市日本橋區本材木町貳丁目
八番地戸主平民藥種商金藏長男呉
服商
父　岡　田　金　七
母　無職業　と　み

出生子　長女　きん

出生ノ時　明治　年　月　日　時

出生ノ場所　東京市日本橋區本材木町貳丁目八番地

右出生及御届候也

明治　年　月　日

届出人　岡田金七㊞
生年月日

東京市日本橋區戸籍吏何某殿

第五十七例

◉家族の嫡出子出生届書式

其二　父か未成年者なる場合（用紙半紙届書一通）

出生届

東京市芝區櫻川町百拾六番地

戸主平民無職七五郎弟綿商

父　小林源八

母　無職業　きく

出生子　二男　勝藏

出生ノ時　明治　年　月　日　時

出生ノ場所　東京市芝區櫻川町百拾六番地

右出生及御屆候也

明治　年　月　日

右父未成年（生年月日）右父源八未成年ニ付親權ヲ行フ

屆出人　小林長次郎㊞

年　月　日生

東京市芝區戸籍吏何　某殿

（注　意）

未成年者たる父の後見人より屆出を爲す場合も之に準すへし

第五十八例

◉家族の嫡出子出生届書式

其三　寄留地の戸籍吏に届出を爲す場合（用紙牛紙届書二通）

出　生　届

群馬縣前橋市曲輪町七拾番地
戸主平民製糸業近造三男官吏
寄留地東京市赤坂區新坂町九番地
父　近　藤　重　造
母　無職業　せ　ん
出生子　五男　重　太　郎

出生ノ時　明治　年　月　日　時
出生ノ場所　東京市赤坂區新坂町九番地

右出生及御屆候也
明治　年　月　日

屆出人　近　藤　重　造㊞
年月日生

東京市赤坂區戶籍吏何　某殿

（注意）
出生地の戶籍吏に屆出を爲す場合も之に準すへし

第五十九例
㊙戶主の未定中家族の嫡出子出生屆書式

出　生　屆（用紙半紙屆書一通）

東京市牛込區新小川町七番地
前戶主兄今井市造死亡跡戶主
未定平民左官職
父　今　井　七　郎
母　無職業　き　ん
出生子　長女　名ナシ

出生ノ時　明治　年　月　日　時
出生ノ場所　東京市牛込區新小川町七番地
右出生及御屆候也
明治　年　月　日
届出人　今井七郎㊞
生年月日
東京市牛込區戶籍吏何　某殿

（注意）
出生地又は寄留地の戶籍吏に屆出を爲す場合も之に準すへし但此場合には屆書二通を要す

第六十例
㊂婚姻中に懷胎し離婚後出生したる嫡出子の出生屆書式

出生屆（用紙半紙 屆書一通）

東京府荏原郡目黑町大字上目黑
千八百七拾番地戶主平民農

父　木村信吉

母　神奈川縣橫濱市眞金町壹番地平民裁縫業　むら

出生子　長女　キミ

出生ノ時　明治　年　月　日　時

出生ノ場所　神奈川縣橫濱市眞金町壹番地

右出生及御屆候也

明治　年　月　日

屆出人　父　木村信吉㊞　年　月　日生

荏原郡目黑町戸籍吏何　某殿

（注　意）

第五十九例の注意を看よ

第六十一例

◉婿養子か妻の懷胎中離婚及ひ離緣に因り其家を去りたる後嫡出子出生の屆書式

出生届（用紙半紙 届書一通）

宮城縣仙臺市北一番町拾番戸

戸主士族官吏

川上光義前婿養子

父 東京市芝區今入町壹番地平民會社員 篠崎春次

母 川上園子

出生子 長女 浪子

出生ノ時 明治 年 月 日 時

出生ノ場所 宮城縣仙臺市北一番町拾番戸

右出生及御届候也

明治 年 月 日

川上光義長女士族無職業

届出人 母 川上園子㊞

生 年 月 日

仙臺市戸籍吏何　某殿

（注意）
第五十九例の注意を看よ

第六十二例

◉家督相續を爲したる胎兒の出生屆書式

出生屆（用紙半紙 屆書一通）

東京市小石川區關口臺町拾九番地
戸主平民
父　亡官吏　彦坂欽市
母　無職業　つる
出生子　長男　錄彌

出生ノ時　明治　年　月　日　時
出生ノ場所　東京市小石川區關口臺町拾九番地

右出生及御屆候也

明治　年　月　日

届出人母　彦坂つる㊞
年月日生

東京市小石川區戶籍吏何　某殿

（注意）
第五十九例の注意を看よ

第六十三例
◉父か裁判に因り定りたるとき其父より爲すへき出生屆及ひ登記取消の申請書式

出生屆竝ニ登記取消申請（用紙半紙 屆書一通）

大坂市東區高麗橋參丁目拾九番地
戶主平民會社員村造長男無職業
父　吉村君平

大坂市東區北濱壹丁目七番地
平民無職業

母　中村いし
出生子　長男　文吉
出生ノ時　明治　年　月　日　時
出生ノ場所　大坂市東區北濱壹丁目七番地
右文吉出生ノ當時父未定ノ處自分ヲ父ト定ムル旨ノ裁判明治　年　月　日確定致候ニ付キ裁判ノ謄本相添ヘ此段及御屆候也
追テ本文ノ通ニ付キ明治　年　月　日母いしノ屆出ニ因ル右文吉ノ出生登記ヲ御取消相成度併テ申請候也
明治　年　月　日
吉村君平㊞
年月日生
大坂市東區戸籍吏何　某殿

（注　意）
此書式は母の屆出に基き出生登記を爲したる地と父か出生屆を爲すへき地と同一なる場合の

書式なり若し届出地か出生登記を爲したる地と異るときは第六十四例及ひ第六十五例の書式るに依るへし

第六十四例

㊀父か裁判に依り定りたるとき其父より爲すへき出生届書式

出生届（用紙半紙 届書一通）

名古屋市鍛冶町參番地戸主平民
陶器商
父　山口進午
名古屋市東大工町拾番地平民
無職業
母　大村タイ
出生子　長女　ふく

出生ノ時　明治　年　月　日　時
出生ノ場所　名古屋市東大工町拾番地

右ふく出生ノ當時父未定ノ處自分ヲ父ト定ムル旨ノ裁判明治　年　月　日確定致候ニ付キ裁判ノ謄本相添此段及御屆候也

明治　年　月　日

屆出人　山口進　午㊞

生年月日

名古屋市戸籍吏何　某殿

（注　意）

第六十三例の注意を看よ

第六十五例

◉父か裁判に因りて定りしとき母の屆出に基く出生登記取消申請書式

出生登記取消ノ件　（用紙半紙屆書一通）

名古屋市東大工町拾番地戸主

平民市太郎妻無職業

大村タイ

右ノ者ヨリ明治　年　月　日父未定女ふく出生の届出ヲ爲シ同日第　號ヲ以テ登記相成候處自分ヲ右ふくノ父ト定ムル旨ノ裁判明治　年　月　日確定致候間前記出生登記を御取消相成度別紙裁判ノ謄本相添へ此段申請候也

明治　年　月　日

名古屋市南鍜治町三番地戸主

平民陶器商

山口進午㊞

年月日生

名古屋市戸籍吏何　某殿

（注　意）

第六十三例の注意を看よ

第四節　庶子又は私生子の出生届出

第一　届出の期間

嫡出子出生の届出と同し第三節第一を看るへし

第二　屆出の管轄

庶子の出生屆出は其出生地又は子の本籍地若くは寄留地の戸籍吏に之を爲すことを要す但庶子か父の家に入ること能はさるときは出生地又は母の本籍地若くは寄留地の戸籍吏に其屆出を爲すへきものとす私生子の出生屆出は出生地又は母の本籍地若くは寄留地の戸籍吏に之を爲すことを要す(戸、六九)

汽車又は航海日誌を備へさる船舶中にて庶子又は私生子の出生ありたるときは其到達地を以て出生地と看做さるるを以て其地の戸籍吏にも屆出を爲し得ることは嫡出子出生の場合と同一なり(戸、七〇)

第三　屆出義務者

庶子出生の屆出は父より之を爲し私生子出生の屆出は母より之を爲すことを要す然れとも父より庶子の出生屆を爲すこと能はす又母より私生子の出生屆を爲すこと能はさるときは左に掲くる者か其順序に從ひ屆出を爲すの義務を負ふものとす

一　戸主　庶子なるときは父の家の戸主、私生子なるときは母の家の戸主なり

二　同居者　同居者數人あるときは其中の一人より屆出を爲すを以て足る

三　分娩に立會ひたる醫師又は產婆　數人あるときは同上

四　分娩を介抱したる者　數人あるときは同上

病院、監獄其他の公設所に於て庶子又は私生子の出生ありたる場合に於て父又は母より其屆出を爲すこと能はさるときは病院、監獄又は其他の公設所の長若くは管理人より出生の屆出を爲すことを要するものとす(戶、七四)

第四　屆出の要件

庶子又は私生子の出生屆書に記載すへき事項は大略嫡出子の出生屆書に記載すへきものと同一なり只出生子か私生子なるとき又は出生前に認知せられたる爲め庶子となりたる者なるときは其旨及ひ出生子か一家を創立する者なるときは其旨及ひ創立の原因を記載することを要し私生子の出生屆書には父の氏名職業等の記載を爲すの要なき點に於て差異あるに過きす故に詳細は嫡出子出生屆書記載の要件を看るへし

第六十六例

尙屆出の方式に付ては第二章通則の說明及ひ左の書式を看るへし

◉戶主の庶子出生屆書式

出　生　屆（用紙半紙 屆書一通）

東京市本鄕區金助町百七番地
戶主平民蒲團業
父　栗　林　隆　吉
母（東京市芝區明舟町七番地平民無職業）長　野　く　に
出生子　庶子女　は　る

出生ノ時　明治　年　月　日　時
出生ノ場所　東京市本鄕區金助町百七番地
右はる出生前認知セラル

右出生及御屆候也
明治　年　月　日

屆出人　栗　林　隆　吉㊞
年　月　日生

東京市本郷區戸籍吏何　某殿

（注意）父たる戸主の寄留地又は子の出生地の戸籍吏に屆出を爲す場合にも之に準すへし但此場合には屆書二通を要す

第六十七例

◉家族の庶子出生屆書式

其一　庶子か父の家に入る場合

出生屆（用紙半紙屆書一通）

東京市下谷區上野町拾八番地
戸主平民飲食店營業由造弟雜貨商
父　中村粂吉

東京市下谷區谷中清水町五番地　平民無職業
母　大塚きち

出生子　庶子男　文吉

出生ノ時　明治　年　月　日　時

出生ノ場所　東京市下谷區谷中清水町五番地

右文吉生前認知セラル

右出生及御屆候也

明治　年　月　日

屆出人　中　村　粂　吉㊞
年　月　日　生

東京市下谷區戸籍吏何　某殿

右庶子ノ入籍ニ同意ス

戸　主　中　村　由　造㊞
年　月　日　生

（注　意）

父の寄留地又は子の出生地の戸籍吏に屆出を爲す場合に於ても之に準すへし但此場合には屆書二通を要す

第六十八例

㊥家族の庶子出生屆書式

其二　庶子か母の家に入る場合

出　生　届（用紙半紙 届書一通）

東京市淺草區新福井町八番地
平民巡査
父　大　崎　留　吉
東京市芝區金杉町貳丁目拾六番地
戸主平民無職業金造二女無職業
母　熊　倉　フ　ジ
出生子　庶子男　金　太　郎
出生ノ時　明治　年　月　日　時
出生ノ場所　東京市芝區金杉町貳丁目拾六番地
右金太郎出生前認知セラル
父ノ家ニ入ルコトヲ得サルニ因リ母ノ家ニ入ル
右出生及御届候也

明治　年　月　日

屆出人　大　崎　留　吉㊞

年　月　日　生

東京市芝區戶籍吏何　某殿

右庶子ノ入籍ニ同意ス

戶　主　熊　倉　金　造㊞

年　月　日　生

（注　意）

母の寄留地又は子の出生地の戶籍吏に屆出を爲す場合も亦之に準すへし但此場合には屆書二通を要す

第六十九例

◉家族の庶子出生屆書式

其三　庶子か一家を創立する場合

出　生　屆　（用紙半紙　屆書一通）

東京本所區北二葉町拾番地
平民戸主足袋商善吉弟足袋商
父　北島重吉
東京府豐多摩郡淀橋町角筈千貳番地
平民無職業
母　伊藤とめ
出生子　庶子男　重太郎
出生ノ時　明治　年　月　日　時
出生ノ場所　東京府豐多摩郡淀橋町角筈千貳番地
右重太郎出生前認知セラル
父及ひ母ノ家ニ入ルコトヲ得サルニ因リ東京府豐多摩郡淀橋町角筈千貳番地ニ一家創立
右出生及御屆候也
明治　年　月　日
屆出人　北島重吉

年　月　日生

東京府豐多摩郡淀橋町戸籍吏何　某殿

（注　意）

第六十八例の注意を看よ

第七十例

◉戸主の私生子出生届書式

出　生　届（用紙半紙　届書一通）

東京市深川區蛤町拾七番地戸主

平民魚商

母　前　田　き　ん

私生子　男　留　太　郎

出生ノ時　明治　年　月　日　時

出生ノ場所　東京市深川區蛤町拾七番地

右出生及御屆候也

明治　年　月　日

届出人　前田ぎん㊞
年月日生

東京市深川區戸籍吏何　某殿

（注意）
第六十八例の注意を看よ

第七十一例
◉家族の私生子出生屆書式
其一　私生子か母の家に入る場合
出生屆（用紙半紙 屆書一通）

横濱市青木町貳拾九番地戸主
平民洋燈商良三郎姉無職業
母　吉井すき
私生子　女　セキ

出生ノ時　明治　年　月　日　時
出生ノ場所　東京荏原郡大井町千貳百拾番地
右出生及御届候也
明治　年　月　日

寄留地東京府荏原郡大井町千貳百拾番地
届出人　吉　井　す　き（拇印）
年月日生
署名スルコト能ハス且印ヲ有セサルニ因リ代署セシメ拇印ス

東京府荏原郡大井町戸籍吏何某殿

右私生子ノ入籍ニ同意ス
戸主　吉　井　良　三　郎㊞
年月日生

（注　意）

母の本籍地又は子の出生地の戸籍吏に屆出を爲す場合も之に準すへし

第六十八例の注意を看よ

第七十二例

◉家族の私生子出生屆書式

其二　私生子か一家を創立する場合

出　生　屆（用紙半紙 屆書一通）

靜岡縣靜岡市大手町百拾五番地

戸主平民官吏泰六妹學生

母　岡　本　君　江

私生子　女　八　重

出生ノ時　明治　年　月　日　時

出生ノ場所　東京市本郷區東竹町七番地

右八重母ノ家ニ入ルコトヲ得サルニ因リ東京市本郷區東竹町七番地ニ一家創立

右出生及御屆候也

明治　年　月　日

寄留地東京市本郷區東竹町七番地

届出人　岡　本　君　江㊞

年　月　日生

東京市本郷區戸籍吏何　某殿

（注　意）

第七十一例の注意を看よ

第七十三例

◉父未定の子の出生届書式

出　生　届（用紙半紙 届書一通）

大坂市東區北濱壹丁目七番地

戸主平民六太郎妻無職業

母　中　村　い　し

右母六ケ月ヲ經スシテ再婚シタルニ因リ父未定

出生子　男　文　吉

出生ノ時　明治　年　月　日　時

出生ノ場所　大坂市東區北濱壹丁目七番地

右出生及御屆候也

明治　年　月　日

屆出人　中　村　い　し㊞

年月日生

大坂市東區戸籍吏何　某殿

（注　意）

第六十八例の注意を看よ

第五節　棄兒發見屆出

第一　屆出期間

棄兒を發見したるときは其時より起算して二十四時間以內に其屆出を爲すことを要し（戸、七五）次に掲くる屆出義務者か此時間内に發見屆を爲ささるときは過料に處せらるゝものとす（第一章第三節參照）棄兒の引受人又は育兒院の變更ありたるときは双方より十日以内に屆出を爲すへく又棄兒の父母か現出して其兒を引取るときは一个月内に其出生屆及ひ發見登記取消の申請を爲すへきものとす

棄兒發見の屆出を爲ささる前棄兒か死亡したるときは發見屆の外棄兒死亡の屆出を爲すことを要するものとす

第二　屆出の管轄

棄兒發見の屆出は其屆出を爲す人の本籍地又は所在地の戶籍吏に之を爲すへきものとす然れとも棄兒を發見したる場所は屆出人の所在地たること多きを以て其所在地の戶籍吏に屆出を爲すを便とす

第三　屆出義務者

棄兒發見の屆出義務者は卽ち其發見者なりとす若し發見者か未成年者又は禁治產者なるときは親權者又は後見人に於て其屆出を爲すへきものとす故に其親權者又は後見人か此屆出を爲ささるときは上に述へたる過料に處せらるゝこと勿論なり

第四　棄兒の引受

棄兒發見の屆出ありたるときは戸籍吏は其兒に氏名を附し引受人あるときは其者に之を渡すへく若し引受人なきときは育兒院に之を渡すへきものとす

右の場合に於て引受人は單に戸籍吏に對し引受の申立を爲せは足るものにして此申立ありたるとき又は育兒院に渡したるときは戸籍吏は其兒に附屬する衣服物品、發見の場所、年月日時其他の景況竝に其兒の出生年月日、氏名、男女の別、引受人の氏名、職業、本籍地及ひ所在地又は育兒院の稱號竝に場所及ひ引渡の年月日を調書に記載し之を發見屆書に添付することを要するものとす(戸、七五)

第五　棄兒の引受人又は育兒院の變換

棄兒の引受人又は育兒院に變更ありたるときは雙方より十日以内に其旨を屆出ることを要するものとす故に一旦棄兒を引受けたるものか其棄兒を育兒院に渡し又は他の引受人に渡すとき若くは一旦育兒院に收容せられたる棄兒を引受けたる場合に於ても其双方より十日以内に其旨の屆出を爲すへきなり(戸、七六)

第六　棄兒の父母か其兒を引取るとき

棄兒の父母か現出して其兒を引受人又は育兒院より引取るときは一个月內に其出生屆を爲し且棄兒發見の登記取消を申請すへきものとす（戸、七六）此場合に爲すへき出生屆は本章の第二第三に揭けたる各種の例に依るへきこと勿論なり棄兒の母のみか現出したるときは母より此手續を爲すへきなり

尙屆出の方式に付ては第二章通則の說明及ひ左の書式を看るへし

第七十四例

◉棄兒發見の屆書式

棄兒發見屆　（用紙半紙屆書一通）

棄兒　男　一人

發見ノ時　明治　年　月　日　時

發見ノ場所　東京市麴町區一番町拾番地先道路

右棄兒發見候間附屬物品何點相添此段及御屆候也

明治　年　月　日

東京市麴町區一番町拾番地

戸主士族官吏
發見者　西村文哉㊞
年月日生

東京市麴町區戸籍吏何某殿

（注意）
棄兒發見者の所在地と本籍地と異なる場合に於ても此例に準すへし

第七十五例

◉棄兒引受人變換の屆書式

棄兒引受人變換屆（用紙半紙 屆書一通）

東京市麴町區一番町戸主
棄兒　男　小林文吉
推定明治年月日生

東京市麴町區永田町貳丁目參番地
戸主平民牧師

引受人　矢崎千良
年月日生

右千良明治　年　月　日引受人トナル

東京市麴町區一番町拾番地戸主
士族官吏
前引受人　西村文哉
年月日生

右棄兒引受人變換候間此段及候也
明治　年　月　日
前引受人　西村文哉㊞
引受人　矢崎千良㊞

東京市麴町區戸籍吏何　某殿

第七十六例

◉棄兒發見の登記取消申請書式

棄兒發見ノ登記取消申請

東京市麹町區一番町戶主
棄兒　男　小　林　文　吉
推定年月日生

右ハ自分ノ長男ナルコト判明致候ニ付キ今般引取ノ上出生届出致候就テハ明治　年　月
日西村文哉ノ届出ニ基キ登記相成候棄兒發見ノ身分登記ヲ御取消相成度此段申請候也

明治　年　月　日

東京市四谷區鮫ヶ橋谷町七番地
戶主平民日雇稼
父　川　島　吾　助㊞
年月日生

東京市麹町區戶籍吏何　某殿

（注　意）
棄兒の母か現出したる場合も之に準すへし

第九章　嫡出子否認

第一節　嫡出子否認の意義

嫡出子否認とは正當に婚姻の屆出を爲したる妻の生みたる子に對し夫か自己の胤に非さることを主張するを謂ふ蓋妻か其夫と婚姻の屆出を爲したる後に懷胎したる子は夫の子と推定せらるゝを以て（民、八二〇）夫か之を否認せさる以上は其子は當然嫡出子たる身分を取得するものとす然れとも妻か他の男と姦通したる場合には其妻の懷胎したる子か夫の子に非さることあるへきを以て夫は其子か自己の嫡出子に非さることを主張せさるへからす但婚姻の屆出を爲したる日より二百日後に生れたる子又は婚姻の解消若くは取消の日より三百日内に生れたる子は其夫の子と推定せらるゝを以て夫は其子か自己の胤に非さることを主張せんとするときは嫡出子否認の手續に從はさるへからす

婚姻の儀式は法律上の方式に非さるを以て此儀式を擧くるも未た屆出を爲さゝる間は法律上夫婦と謂ふこと能はさるを以て其女か懷胎するも其子は私生子にして嫡出子となるものに非らす其父か進んて自己の子たることを認知すれは庶子となるに過きさるものとす

以下嫡出子否認の訴及ひ其效果を述ふへし

第一　否認の訴

夫か妻の生みたる子を否認せんとするときは夫より其子又は法定代理人に對し否認の訴を提起すへきものとす此訴は其子の住所地を管轄する地方裁判所へ起すへきものにして又夫か其子の親權者なるときは豫め裁判所に對し其の特別代理人の選任を求め其特別代理人に對して否認の訴を提起するものとす

否認の訴は夫か其子の出生後に於て自己の嫡出子たることを承認したるときは之を起すことを得すと雖も其承認を爲さささる以上は夫か未成年者なるときに於ても自ら其訴を起すこと得へく親權者又は後見人か代つて此訴を起すへきものにあらす但夫か禁治産者なるときは自ら此訴を起すこと能はす後見人か代表して起すへきものなれとも後見人か此訴を提起するには親族會の同意を得ることを要するものとす

否訴の訴は夫か子の出生を知りたる時より一年内に起すことを要するも夫か未成年者なるときは其成年に達したる時より一年内又夫か禁治産者なるときは禁治産の取消ありたる後夫か子の出生を知りたる時より一年内に之を起すことを要するものとす又未成年の夫か成年に達

したる後に子の出生ありたることを知りたるときは其時より一年内に起すことを要す

若し夫か子の出生前に死亡し又は右の期間内に否認の訴を提起せすして死亡したる時は其子の爲めに相續權を害せらるへき者其他夫の三親等内の血族に限り夫の死亡後一年内に否認の訴を提起することを得又夫か一旦此訴を提起したる後死亡したるときは其子の爲めに相續權を害せらるへき者其他夫の三親等内の血族に限り其訴訟を受繼くことを得るものとす三親等內の血族とは夫の父母、祖父母、曾祖父母、兄弟姉妹、甥姪、伯叔父母、子、孫及ひ曾孫を謂ふ

夫か妻の子の嫡出なることを否認せんとする場合に於ても夫は其子の出生の日より十日內に其屆出を爲すことを要するは前章に於て說明したる如し(戸、七二)

第二　否認の效果

夫か嫡出子否認の訴を爲し裁判所に於て夫の否認を正當と認め其裁判か確定したるときは其子は妻の私生子となるを以て戸主か同意せさる爲め夫の家に入ること能はさるときは其子は一家を創立して其家の戸主となるの外なしと雖も夫の家の戸主か同意したるときは其子を夫の家籍に置くことを妨けす夫か戸主なるときは自ら此同意を與ふるの權あるを以て其子を自

己の家籍に入るゝと否とは夫の随意なり又他の男か其子を認知したるときは其者の庶子となるを以て其家の戸主の同意あるときは其家籍に入ることを得へきも否らさる場合に於ては其子は一家を創立するの外なきものとす

第二節　嫡出子否認の屆出

第一　屆出義務者及ひ屆出期間

嫡出子否認の裁判か確定したるときは否認者は裁判確定の日より一个月內に其裁判の謄本を添へ之を戸籍吏に屆出つることを要す若し既に出生の屆出を爲したるときは戸籍吏に對し否認屆の外更に身分登記の變更を申請することを要するものとす(戸、七九)

第二　屆出の要件

否認の屆出には左の諸件を具備することを要するものとす

一　子の名及ひ男女の別

二　出生の年月日

三　否認の裁判か確定したる年月日

尚屆出の方式に付ては第二章通則の説明及ひ左の書式を看るへし

第七十七例

㊂嫡出子否認屆並に出生登記變更申請書式

其一　否認せられたる者か其家に止る場合

嫡出子否認屆竝ニ出生登記變更申請（用紙半紙屆書一通）

長女　ウ　ラ

明治年月日生

右ウラ否認ノ裁判明治　年　月　日確定候間裁判ノ謄本相添此段及御屆候也

追テ本文ノ通ニ付明治　年　月　日ノ屆出ニ基ク右ウラノ出生登記ヲ變更相成度併テ申請候也

明治　年　月　日

東京市神田區松住町七番地

戸主太平長男平民桶職

否認者　小　澤　喜　多　郎㊞

明治年月日生

東京市神田區戸籍吏何　　某殿

右私生子ウラノ入籍ニ同意ス

小澤太平㊞

明治年月日生

第七十七例

◉嫡出子否認屆並に出生登記變更申請書式

其二　否認せられたる者か一家を創立する場合

嫡出子否認屆並に出生登記變更申請（用紙半紙 屆書一通）

長女　ウラ

明治年月日生

右ウラ否認ノ裁判明治　年　月　日確定母ノ家ニ入ルコトヲ得サルニ依リ東京市神田區松住町貳番地ニ一家創立

右裁判ノ謄本相添此段及御屆候也

追テ本文ノ通リニ付明治　年　月　日ノ届出ニ基ク右ウラノ出生登記ヲ變更相成度併テ申請候也

明治　年　月　日

東京市神田區松住町七番地
戸主太平長男平民桶職
否認者　小　澤　喜　多　郎㊞
明治　年　月　日生

東京市神田區戸籍吏何　某殿

第十章　私生子認知

第一節　私生子認知の意義

私生子とは既に述へたる如く正當に婚姻の届出を爲さゝる男女間に生れたる子にして其認知とは父たること又は母たることの自認なり換言すれは父か私生子を自己の子なりと承認し女か母の知れさる私生子を自己の子なりと承認することなり而して父の認知したる私生子は之を庶

子と稱すること既に第八章第一節に於て述へたる如し

私生子の父又は母なりと信する者は任意に之を自己の子なりと認知することを得へしと雖も認知は認知者と子との間に親子の關係を生し極めて重大なるものなるを以て若し父母か認知せんとする場合に於ても其認知か不當なるときは子其他利害關係人例へは私生子の戶主親族又は家族の如き者は其認知に對し反對の事實を主張して認知の不當なることを申立ることを得へし（民、八三四）之に反して實際の父又は母か私生子の認知を爲ささるときは子其直系卑屬（孫、曾孫の如し）又は此等の者の法定代理人（親權者又は後見人）は其父又は母に對し認知を請求することを得るものとす父又は母か其請求に應せさるときは裁判所へ出訴し認知を强要することを得（民、八三五）

第二節　私生子認知の要件

私生子の認知は父又は母か無能力なるとき例へは未成年者禁治產者たるときと雖も法定代理人の同意を得るの要なく單獨にて之を爲すことを得れとも認知か法律上其效力を生するには其認知者より戶籍吏に届出を爲すことを要し父又は母か遺言に依り私生子の認知を爲したるときは遺言執行者より其屆出を爲すへきこと下に述ふる如し

父又は母は任意に私生子の認知を爲すことを得るを原則とすれとも左の場合に於て私生子を認知するには法律上種々なる要件あり

第一　成年の私生子を認知する場合

父又は母の認知せんとする私生子か成年即ち二十歳以上の者なるときは其私生子の承諾を得ることを必要とす故に父母か其子を認知せんと欲するも私生子か承諾せさるときは固より認知を爲すこと能はさるなり但二十歳以下の私生子を認知するには其子の承諾を得るの要なきこと勿論なり

第二　胎兒を認知する場合

父は母の胎内に在る兒と雖も之を認知することを得れとも此場合に於ては其母の承諾あることを必要とす故に父か實際胎兒を自己の子なりと信するも母に於て之を承諾せさるときは父に於て之を認知すること能はす（民、八三一）但出生後に於ては任意に認知することを得るものにして只出生後認知の場合に於て母か其認知を失當とするときは之に對し反對の事實を主張することを得るは既に上述せる所なり

第三　死亡したる私生子を認知する場合

父又は母は既に死亡したる私生子と雖も其直系卑屬あるときに限り之を認知することを得るものとす直系卑屬とは子、孫及ひ其以下の血族者を謂ふを以て死亡したる私生子に此等の直系卑屬あるときは私生子の父母の認知によりて此等の直系卑屬は認知者の孫又は其以下の血族關係を生するに至るへく從て私生子の直系卑屬は其私生子と同一の順位に於て相續權を取得するものとす然れとも死亡したる私生子に直系卑屬なきときは其私生子を認知するも何等の利益なきを以て法律は其認知を爲すことを得さるものとせり

死亡したる私生子に直系卑屬ある場合に於ても其直系卑屬か二十歲以上の者なるときは其卑屬の承諾あるに非されは認知を爲すこと能はさるなり(民、八三一)

第三節　私生子認知の效力

認知は子の出生の時に遡りて其效力を生するものなるを以て父か私生子を認知したるときは其私生子は出生の時より庶子たる身分を取得し母か認知したるときは其出生の時より母の私生子たる身分を取得するものとす(民、八三二)然れとも認知は第三者の既に取得したる權利を害することを得さるにより例へは甲乙兩人の私生子ある父か先つ弟なる乙を認知し其後に至り兄

なる甲を認知したる如き場合に於て認知は出生の時に遡りて親子の關係を生するものなれとも甲か認知せらるゝ時に於て弟なる乙は既に認知により庶子となり相續權を取得せるを以て後に認知せられたる甲は兄なるに拘はらす乙の權利を害することを得さる結果其相續權を取得すること能はさるか如し

私生子の認知は上述の如く其子と父母との間に法律上親子の關係を生し相續又は扶養の義務等に關し親族上重大なる關係を生するを以て法律は父又は母か一旦認知を爲し其屆出を爲したる以上は後日に至りて之か取消を爲すことを得さるものとせり（民、八三三）故に私生子の認知を爲さんとする者は十分なる注意を爲し輕卒事を決せさることを必要とす

第四節　私生子認知の屆出

第一　屆出の期間

父又は母か私生子の認知を爲すには固より一定の期間なく前項に揭けたる條件を具備するときは何時にても認知を爲し其屆出を爲すことを得るものとす然れとも認知は戶籍吏に其屆出を爲すに因りて效力を生し其屆出を爲さされは縱令何人に對して認知の意思表示を爲すも其

効なきものとす

遺言に依り認知を爲したる場合に於ては遺言執行者は其屆出を爲すの義務を負ふものにして其屆出は遺言か效力を生したる日より十日内に爲すことを要す(戶、八三)又胎內にて認知せられたる子か死體にて分娩したるときは其子の出生屆出義務者は其事實を知りたる日より一个月內に既に登記せられたる認知の登記取消を申請することを要するものとす(戶、八四)

第二　屆出の管轄

私生子認知の屆出は認知者の本籍地又は所在地の戶籍吏に之を爲すことを得るものにして其本籍地又は所在地の孰れの戶籍吏に屆出るも認知者の隨意なりとす

第三　屆出の要件

私生子認知の屆出には左の諸件を具備することを要するものとす

一　子の名及ひ男女の別

二　出生の年月日

三　死亡したる子を認知する場合に於ては死亡の年月日

四　父か認知を爲す場合に於ては母の氏名、職業及ひ本籍地若し此母か家族なるときは其戶

主の氏名、職業、本籍地及ひ其戸主と母との續柄
父か母の胎内に在る子を認知する場合に於ては母の氏名、職業及ひ本籍地を具し且其胎内に在る子を認知する旨を記載すへきものとす
成年の私生子又は胎兒を認知する場合に於て子、母又は直系卑屬の承諾を要するときは屆出人は屆書に承諾の證書を添へ又は承諾を爲したる者をして屆書に承諾の旨を附記し之に署名、捺印せしむることを要するものとす
遺言に依る私生子認知の屆書には以上各項の外認知者の死亡の年月日を記載することを要するものとす
尚屆出の方式に付ては第二章通則の説明及ひ左の書式を看るへし

第七十八例

●私生子認知屆書式

其一 戸主か私生子を認知する場合

私生子認知屆 (用紙半紙屆書二通)

東京市深川區猿江裏町七番地

戸主女髪結業さき長女無職業

母　竹野みち

私生子　女　はる

年月日生

東京市本所區太平町拾五番地戸主

平民靴製造業

認知者　村田留吉㊞

生年月日

右私生子認知候間此段及御屆候也

明治　年　月　日

東京市本所區戸籍吏何

某殿

（注意）

戸主に非さる者卽ち家族か其所在地の戸籍吏に私生子認知屆を爲す場合も亦此例に準すへし

第七十九例

◉私生子認知屆書式

其二　家族か私生子を認知する場合

私生子認知屆（用紙半紙屆書二通）

神奈川縣橘樹郡川崎町四番地戶主
酒商仁兵衞二女無職業
母　大川　エイ
私生子　男　善　吉
年月日生

右私生子認知候間此段及御屆候也
明治　年　月　日

東京市赤坂區田町貳丁目參番地
戶主平民鳥商善造長男無職業
認知者　松　本　斧　三㊞
生年月日

東京市赤坂區戸籍吏某　某殿

右善吉ノ入籍ニ同意ス

戸主　松本善造㊞

生年月日

（注意）

此書式は私生子か認知に因り父の家に入る場合なり

第八十列

◉私生子認知届書式

其三　家族か私生子を認知する場合

私生子認知届　（用紙半紙 届書一通）

神奈川縣橘樹郡川崎町四番地

酒商仁兵衛二女無職業

母　大川ヱイ

父ノ家ニ入ルコトヲ得ス

私生子　男　善吉

生年月日

右私生子認知候間此段及御届候也

明治　年　月　日

東京市赤坂區田町貳丁目貳番地

戸主善造長男平民無職業

認知者　松　本　斧　三㊞

生年月日

東京市赤坂區戸籍吏何　某殿

（注意）

此書式は私生子か認知に因り父の家に入ること能はさる場合なり

第八十一例

◉私生子認知屆書式

其四　胎兒を認知する場合

胎兒認知屆　（用紙半紙屆書二通）

東京府北豐島郡巣鴨町貳丁目八番地
戸主植木職七藏二女無職業
母　片　山　ヌ　イ
私生子　胎　兒

右胎兒認知候間此段及御届候也
明治　年　月　日

東京市淺草區茶屋町六番地
戸主源六弟平民疊職
認知者　富　田　清　兵　衞㊞
生年月日

東京市淺草區戸籍吏何　某殿

右認知ヲ承諾ス
母　片　山　ヌ　イ㊞
年月日生

第八十二例

◉胎兒認知登記取消申請書式

胎兒認知登記取消申請

東京府北豐島郡巢鴨町貳丁目八番地
戸主植木職七藏二女無職業
母　片山ヌイ
私生子　胎兒

右胎兒認知明治　年　月　日届出候處明治　年　月　日死體ニテ分娩候ニ付キ前記届出ニ因ル認知登記ヲ御取消相成度此段申請候也

明治　年　月　日

東京市淺草區茶屋町六番地
戸主源六弟平民疊職
出生届義務者　富田清兵衞㊞
年月月生

東京市淺草區戸籍吏何　某殿

第八十三例

◉私生子認知屆書式

其五　遺言に因り私生子を認知する場合

私生子認知屆（用紙半紙屆書二通）

神奈川縣橘樹郡川崎町四番地戸主

酒商仁兵衛二女無職業

母　大川エイ

私生子　善吉

生年月日

東京市赤坂區田町貳丁目參番地

戸主平民鳥商善造長男無職業

明治　年　月　日死亡　認知者　松本斧三

右斧三遺言ニ依リ私生子ヲ認知候間遺言ノ謄本相添ヘ此段及御屆候也

東京市赤坂區溜池町四番地
戸主平民公證人
遺言執行者　村　垣　義　昌㊞
生年月日

右善吉ノ入籍ニ同意ス

東京市赤坂區戸籍吏何　某殿

戸主　松　本　善　造㊞
生年月日

第八十四例

◉私生子認知屆書式

其六　戸主たる私生子を認知する場合

私生子認知屆（用紙半紙　屆書二通）

大阪市西區土佐堀通參丁目五番地
戸主平民無職業

私生子　渡邊悅造
生年月日

右母　大阪市東區南本町貳丁目拾八番地
戸主呉服商石原純妹農くに

兵庫縣神戸市榮町六丁目拾壹番地
戸主平民乾魚商
認知者　樋口彌吉㊞
生年月日

右私生子認知候間此段及御届候也

明治　年　月　日

神戸市戸籍吏何　某殿

第八十五例

◉私生子認知届書式

其七　妻子ある成年の私生子を認知する場合

私生子認知届（用紙半紙届書二通）

東京市京橋區釆女町拾番地
戸主荒物商孫藏三女無職業
母　山口すみ江
私生子　男　松藏
明治拾七年五月拾日生
父　川井竹藏
母　かつ　二女
夫松藏ニ從ヒ其家ニ入ル　妻　ます
明治貳拾年五月拾日生
父　松藏
母　ます　長男
松藏ニ從ヒ其家ニ入ル　虎之助
明治四拾貳年四月五日生

右私生子認知候間此段及御屆候也

明治四拾參年　月　日

東京市下谷區練塀町九番地

戸主平民筆墨商
認知者　向　井　秋　太　郎㊞
明治參年八月拾三日生

東京市下谷區戸籍吏何　某殿

子　山　口　松　藏㊞

右認知ヲ承諾ス

第八十六例

◉私生子認知屆書式

其八　直系卑屬ある死亡の私生子を認知する場合

私生子認知屆（用紙半紙屆書二通）

神奈川縣橘樹郡川崎町四番地戸主
酒商仁兵衞二女無職業
母　大　川　ヱ　イ

明治　年　月　日死亡　私生子　男　善　吉

認知セラレタル亡父ノ入ルヘキ家ニ入ル

父亡　善吉
母　ロク　長男　忠助
生年月日

東京市赤坂區田町貳丁目參番地
戸主平民鳥商善造長男無職業
認知者　松本斧三㊞
生年月日

右私生子認知候間此段及御届候也

明治　年　月　日

東京市赤坂區戸籍吏何　某殿

右善吉ノ入籍ニ同意ス
戸主　松本善造㊞
生年月日

一右忠助カ成年者ナルトキハ其者ノ承諾アルニ非ラサレハ之ヲ認知スルコトヲ得ス此場合ニ於

テハ左ノ如ク附記スヘシ
右認知ヲ承諾ス

直系卑屬　松本忠助㊞
生年月日

第八十七例
◉私生子認知屆書式
其九　婚姻中妻の實家に在る私生子を認知する場合
私生子認知屆（用紙半紙 屆書二通）

神奈川縣橘樹郡川崎町四番地戸主
酒商大川仁兵衛孫
私生子　男　善吉
生年月日

右母東京市赤坂區田町貳丁目參番地戸主
烏商善造長男斧三妻無職業ヱイ

右婚姻中私生子認知候間此段及御屆候也

明治　年　月　日

認知者　平民　無職業　松　本　斧　三㊞　生年月日

東京市赤坂區戶籍吏何　某殿

第八十八例

㊂私生子認知屆書式

其十　母か他家に嫁したる後母の實家に在る私生子を父か認知する場合

私生子認知屆（用紙半紙屆書二通）

埼玉縣比企郡松山町拾九番地戶主

農戶川三平孫

私生子　男　六　平　生年月日

右母埼玉縣大里郡熊谷町八番地

戸主農河井清吉妻無職業その

右私生子認知候間此段及御届候也

明治　年　月　日

埼玉縣北埼玉郡大室村壹番地戸主

平民農

認知者　西　村　榮　吉㊞

生年月日

北埼玉郡大室村戸籍吏何

某殿

第十一章　養子縁組

養子縁組は養子をして養親の嫡出子たる身分を取得せしめ其家籍に入らしむることを目的とするものなり故に養子縁組を爲したるときは其屆出の日より養子と養親との間に實子と同一なる親族關係を生し養子は嫡出子たる身分を取得し養子と養方の血族との間には法律上血族の關係を生するものとす

第一節　養子緣組の要件

養子緣組を爲すには種々なる條件を必要とす以下に掲くる要件を具備するに非されは養子緣組を爲すこと能はさるなり

第一　實質上の要件

一　養子を爲す者は成年に達したることを要す

故に二十歳以下の者は他人を養子となすことを得さるなり但成年以上に達したる者は自己か戸主なると家族なるとを問はす又男子たると女子なるとに論なく何時にても養子を爲すことを得又養子となるへき者か二十歳以下にても可なること勿論なり

二　養子となるへき者か尊屬又は年長者に非さることを要す

卽ち養親となる者の尊屬又は年長者は養子となることを得さるなり尊屬とは父母、祖父母等の直系尊屬は勿論俗に目上と稱せらるヽ兄姉、伯叔父母の如き者を總稱し此等の者及ひ年長者を養子となすこと能はすと雖も卑屬及ひ年少者は如何なる者と雖も養子となすことを妨けす例へは孫、曾孫、弟妹等の卑屬は勿論庶子、私生子其他他家に在る嫡出子と雖も

養子と爲すことを得るなり

三　男子を養子と爲すには養親となる者に法定の推定家督相續人たる男子なきことを要す即ち男子たる法定の推定家督相續人ある者は重ねて男子を養子と爲すことを得さるなり法定の推定家督相續人とは子、孫等の直系卑屬にして法律上當然家督相續を爲す順位に在る者を謂ふ法定の推定家督相續人たりし子、孫等男子の直系卑屬ある場合と雖も既に其者か廢嫡せられ相續權を失ひたる後に於ては重ねて男子を養子と爲すことを妨けさるなり（民八三九）

故に左の場合に於ては養子を爲すことを得るなり

（イ）推定家督相續人か男子なるときは女子を養子と爲すことを得

（ロ）推定家督相續人か男子なるときと雖も其姉妹の女婿と爲す爲め男子を養子と爲すことを得

（ハ）推定家督相續人か女子なるときは婿養子として男子を養子と爲すことを得

（ニ）推定家督相續人か女子なるときは婿養子と爲さすして男子を養子と爲すことを得

（ホ）推定家督相續人か女子なるときは其姉妹の爲めに男子を養子と爲すことを得

（へ）　推定家督相續人か女子なるときは女子を養子と爲すことを得

四　養親となる可き者か養子となる可き者の後見人たらさることを要す

卽ち後見人は被後見人を養子と爲すことを得さるなり又後見人の任務か終了したる後と雖も未た管理の計算を終らさる間は被後見人を後見人の養子と爲すことを得さるなり但遺言を以て養子緣組を爲すときは後見人か被後見人を養子と爲すことを得るものとす（民、八四〇）

五　配偶者ある者か養子緣組を爲すには其配偶者共に爲すことを要す

配偶者とは夫婦の一方より他の一方を指す語なり卽ち養子緣組に因り養親となるへき者か夫婦なるときは其夫婦中夫又は婦一方の爲めに養子を爲し若くは夫又は婦一人のみ他家の養子となることを得す必す夫婦共に養子を爲し又は養子となることを要するものとす然れとも夫婦の一方か他の一方の子を養子となすには他の一方の同意を得るを以て足り夫婦共に其子を養子と爲すことを要せさるなり（民、八四一、八四二）例へは妻か婚姻前私生子を擧け婚姻後其夫か妻の私生子を養子と爲す場合の如し

配偶者ある者か養子を爲し又は養子となる場合に於て夫婦の一方か養子緣組の意思を表示

すること能はさるときは他の一方は雙方の名義を以て緣組を爲すことを得るなり

六　養子緣組の意思表示は自ら之を爲すことを要す

卽ち養子緣組の意思表示は法定代理人に於て代表することなく未成年者又は禁治產者と雖も親權者又は後見人の同意を得るの要なく自ら單獨にて緣組の意思表示を爲すことを得るものとす然れとも滿十五歲未滿の者は未た自ら意思を決定するの智力なきを以て此者か他家の養子となるには其家に在る父母之に代はりて緣組の承諾を爲すことを得るものとす但繼父母又は嫡母か此承諾を爲すには親族會の同意を得ることを要す（民、八四三、八四七）父母の一方か知れさるとき、死亡したるとき、家を去りたるとき又は其意思を表示すること能はさるときは他の一方のみを以て其承諾を爲し父母共に此等の事情あるときは未成年者は後見人及ひ親族會に於て其承諾を爲すことを得るものとす（民、八四六）

七　養子となるへき者は法定の推定家督相續人に非さることを要す

法定の推定家督相續人は必す其家の相續を爲すへきものなれは養子となりて他家に入ることを得さるものとす故に他家の推定家督相續人を養子と爲すことを得さるなり然れとも其者か廢嫡せられたる後に於ては相續人たる身分を失ふを以て他家の養子となることを得る

ものとす（民、七四四）

八　父母の同意を得ることを要す

卽ち二十歲以上の者か養子を爲し又は十五歲以上の者か養子となるには其家に在る父母の同意を得ることを要す又養子緣組又は婚姻に因りて一旦他家に入りたる者か更に養子として他家に入らんと欲するときは實家に在る父母の同意を得ることを要す但此場合に於て妻か夫に隨ひて他家に入るときは實家の父母の同意を得るの要なきものとす

父母雙方の同意を得ること能はさるときは其一方の同意のみを以て足り其一方の同意をも得ること能はさるときは其後見人及ひ親族會の同意を得へきこと前揭六の條件中に於て說明したる如し（民、八四四乃至八四六）

九　戶主の同意を得ることを要す

養子を爲す者及ひ養子となる者か戶主に非すして家族なるときは其緣組を爲すに付き戶主の同意を得ることを要す又養子緣組に因りて一旦他家に入りたる者か更に養子緣組に因りて他家に入らんとするときは養家及ひ實家の戶主の同意を得ることを要するものとす此等の場合に於て家族か戶主の同意なしに養子を爲し又は養子となりたるときは戶主は其家族

を離籍し又は復籍を拒むことを得るを以て若し養子を爲したる者か離籍せられたるときは其家族は養子と共に一家を創立し又は養子となりたる者か復籍を拒まれたるときは其者は後日離縁せられし場合に於て實家に復籍すること能はさるを以て一家を創立するの已むなきに至るへし(民、七五〇、七四一)

戸主か養子を爲すには前項に掲けたる父母の同意を得るを以て足れるは勿論なりと雖も戸主か他家の養子となるには先つ以て隱居を爲し戸主たる地位を退くことを要し戸主の地位に在る儘他家の養子となることを得るものに非らす然れとも其戸主か分家其他の理由に因り自ら一家を創立したるものなるときは其家を廢家して他家の養子となることを得るものとす又家督相續に因り戸主となりたる者と雖も裁判所の許可ありたるときは其家を廢して他家の養子となることを得(民、七六二)

第二　形式上の要件

養子緣組の形式上の要件としては其屆出を爲すことを要するものとす蓋養子緣組は婚姻と同しく一の要式行爲にして戸籍吏に其屆出を爲すに因り效力を生するものなるを以て縱令緣組の儀式を擧くるも未た屆出を爲さささる以上は法律上未た養親子の關係を生することなし而し

て此届出は養親子雙方及ひ成年の證人二人以上より口頭又は書面を以て爲すへきものとす又養子を爲さんとする者か遺言を以て其意思を表示したるときは遺言執行者は養子となる者又は養子に代はりて承諾を爲したる者（養子となるへき者か十五年未滿のとき）及ひ成年の證人二人以上より遺言か效力を生したる後遲滯なく縁組の屆出を爲すへきものとす（民、八四七、八四八）

養子縁組の屆出の方式は次節に至りて明かなり

第二節　養子縁組の無效及ひ取消

養子縁組にも亦他の法律行爲と同しく法律上全く其效力を生せさる無效の場合と一旦效力を生するも後日に至りて取消すことを得る場合とあり縁組の無效は全然其效力を生せさるものにして初めより何等の行爲を爲さゝる場合と同一なれとも縁組の取消は無效と異なり取消さるゝ迄は有效に存立して其效力を生すれとも一旦取消さるゝときは其時より無效のものなり全く縁組を爲さゝりし場合と同一に歸するものなり以下無效と取消の原因を述ふへし

第一　養子縁組の無效

養子縁組は左の場合に限り無效とす（民、八五一）故に此以外の場合に於ては如何なる原因あ

るも縁組の無效となることなし

一　人違其他の事由に因り當事者間に縁組を爲すの意思なきとき

二　當事者か縁組の屆出を爲さゝるとき但屆出の手續に誤あるも當事者か眞に其屆出を爲したるものなるときは縁組は之か爲め無效となることなし

縁組の無效は法律上全く不成立のものなるを以て何人と雖も其無效を主張することを得るものにして特に裁判所の判斷を待つの要なしと雖も若し利害關係人か其無效を承認せさるときは裁判上其者に對し無效の確認を求むることを得るは勿論なり之れ次に述ふる縁組の取消と異なる所なり

第二　養子縁組の取消

養子縁組は左の場合に限り取消すことを得るものとす縁組の取消は無效の場合と異なり以下に掲くる場合に於て裁判所の判決に因り初めて取消さるるものとす（民、八五二）

一　未成年者か養子を爲したるとき

此場合に於ては養親又は其法定代理人より其取消を裁判所に請求することを得るものとす但養親か成年に達したる後六个月を經過し追認を爲したるときは取消を請求すること能は

さるものとす(民、八五三)

二　尊屬又は年長者を養子と爲したるとき又は法定の推定家督相續人たる男子ある者か更に男子を養子と爲したるとき

此場合に於ては各當事者、其戸主又は親族より其取消を裁判所に請求することを得るものとす(民、八五四)

三　後見人か被後見人を養子と爲したるとき

此場合に於ては養子又は實方の親族より其取消を裁判所に請求することを得然れとも後見人の管理の計算か終はりたる後養子か成年に達し又は能力を回復して緣組の追認を爲し若くは計算終了後六个月を經過したるときは其緣組の取消を請求すること能はす又養子か成年に達せす又は能力を回復せさる間は管理の計算か終了したる場合に於ては養子か成年に達し又は能力を回復したる時より六个月を經過したるときは其取消を請求すること能はさるものとす(民、八五五)

四　配偶者ある者か其一方のみにて養子を爲し又は養子となりたるとき

此場合は於ては其緣組に同意を爲ささりし配偶者より裁判所に緣組の取消を請求すること

を得るものとす然れとも配偶者の一方のみにて縁組を爲したる場合に於ても其後に至りて他の一方の配偶者か縁組を追認したるときは固より取消を請求するの權なきこと勿論にして縁組の追認に付き明白の意思表示ありたるときは論なしと雖も其配偶者か縁組ありたることを知りたる後六个月の間取消の請求を爲ささるときは法律上追認を爲したるものと看做され其後に於ては取消の請求を爲すこと能はさるものとす(民、八五六)

五　父母其他の者の同意を得すして養子縁組を爲したるとき及ひ詐欺又は强迫に因り其同意を得たるとき

成年の子か養子を爲し又は滿十五年以上の子か養子となるには其家に在る父母の同意を得へく縁組又は婚姻に因りて一旦他家に入りたる者か更に養子として他家に入らんと欲するときは實家に在る父母の同意を得ることを要し若し父母の一方か知れさるとき、死亡したるとき、家を去りたるとき、又は其意思を表示すること能はさるときは他の一方の同意のみを以て足り父母共に此等の事情あるときは未成年者は其後見人及ひ親族會の同意を得ること要し繼父母又は繼母か子の縁組を爲すに付き同意せさるときは親族會の同意を得て縁組を爲すことを得るは既に縁組の要件中にも述へたる所なり然るに此同意を得すして縁組の屆出を爲し又は同意を得たるも其同意か詐欺又は强迫に基きたるものなるときは孰れも同意を爲す權利を有せし者より其縁組の取消を裁判所に請求することを得るものとす但同意を爲す權利を有せし者か縁組ありたることを知りたる後又は詐欺を發見し若くは强迫を免れたる後六个月を經過したるとき、同意者を爲す權利を有せし者か後日に至り其縁組を追認したるとき、縁組屆出の日より二个年を經過したるときは右同意權者の取消權は消滅するを以て裁判所に對し縁組の取消を請求すること能はさるものとす（民、八五七、七八四）

六　婿養子縁組の場合に於て其婚姻か無效又は取消し得へきものなるとき

婿養子縁組の場合に於ては縁組と同時に家女との婚姻か成立すへきものなるを以て其婚姻か無效又は取消し得へきものなるときは各當事者は之を理由として婿養子縁組の取消を裁判所に請求することを得るものとす然れとも當事者か婚姻の無效なること又は其取消ありたることを知りたる後六个月を經過し又は其取消權を拋棄したるときは右の縁組取消の請求を爲すこと能はさるものとす（民、八五八）

七　詐欺又は强迫に因り養子縁組を爲したるとき

養子縁組の當事者か他人の詐欺又は强迫に因り不任意に縁組の承諾を爲し其屆出を爲した

るときは其者は緣組の取消を裁判所に請求することを得然れとも當事者か詐欺を發見し若くは强迫を免れたる後六个月を經過したるときは其取消權は消滅するものとす若し當事者か詐欺を發見せす又は强迫を免れさる間は何十年を經過するも取消權は消滅せさるを以て詐欺を發見し又は强迫を免れたる後六个月內に其取消の請求を爲すことを得へし（民、八五九）

以上一より七の場合に於て裁判所か養子緣組取消の裁判を爲し其裁判か確定したるときは其時より緣組は全く無効に歸するものとす故に養子緣組に因りて一旦養家に入りたる者は當然實家に復籍するものなるを以て其裁判の確定したるときは右取消の訴を提起したる者より一个月以內に戶籍吏に對し緣組登記の取消を申請することを要するものとす（戶、九二）

養子緣組の取消は其效力を既往に及ほさゝるを以て緣組の當時取消の原因の存することを知らさるし當事者か緣組に因りて財產を得たるときは現に利益を受くる限度に於て其返還を爲すを以て足り既に費消したる財產は之を返還するの義務なしと雖も若し緣組當時取消の原因の存することを知りたる當事者は緣組に因りて得たる利益の全部を返還すること要し尙相手方か善意なりしときは之に對して損害の賠償を爲す責に任するものとす（民、八五九、七八七）

第三節　養子緣組の效力

適法なる養子緣組の屆出を爲したるときは其日より養子は養親の嫡出子たる身分を取得し養親の家に入り其家族となるへきものにして養親及ひ其血族との間に於ては全く血族間に於けると同一の親族關係を生するものとす(民、八六〇、八六一、七二九)故に養子と養家との關係は緣組の日より全く嫡出子と同一にして養親の父母は養子の祖父母となり養親の實子は養子の兄弟姉妹となるへく又養家に先順位の家督相續人なきときは養子は直に養親の法定の推定家督相續人となるへし只家督相續の順位に付ては養子は緣組の日に生れたるものと看做さるるを以て(民、九七〇)例へは二十歲の女子か養子緣組を爲したる場合に於て其緣組前に生れたる二歲の女子あるときは其養子は實際年長者なるに拘はらす法律上は年少者となり其實子に優先して相續人となること能はす之に反して今日男子か養子となり明日男子か生れたるときと雖も其養子は一日の年長者として實子に先立ちて相續人となるものとす

第四節　養子緣組の屆出

第一　屆出期間

養子緣組は屆出に因りて其效力を生するものなること上述の如くなるを以て屆出期間に付ては固より何等の定めなし只遺言を以て養子を爲す旨の意思を表示したるときは其遺言か效力を生したる後遺言執行者より遲滯なく緣組の屆出を爲すことを要するものとす（民、八四八）緣組の無效又は取消の裁判か確定したるときは其訴を提起したる者は裁判確定の日より一个月內に其緣組の登記の取消を申請することを要するものとす

第二　屆出の管轄

養子緣組の屆出は養親の本籍地又は所在地の戶籍吏に之を爲すことを要す（戶九〇）るものとす

養親の本籍地に屆出を爲す場合に於て養子か養親と同一戶籍吏の管轄內に本籍を有するときは屆書は一通にて足るも若し其本籍地を異にするときは屆書は二通を必要とす又養親の所在地に屆出を爲す場合に於ては右の區別に從ひ二通又は三通の屆書を要するなり

第三　屆出義務者

養子緣組の屆出は其緣組の當事者卽ち養親と養子及ひ成年の證人二人以上より口頭又は書面

を以て之を爲すへきものとす但養子と爲るへき者か十五歲未滿にして其家に在る父母か之に代はりて緣組の承諾を爲したるときは其承諾を爲したる者又遺言に因り養子を爲さんとの意思を表示したるときは其遺言執行者より其屆出を爲さささるへからす

養子緣組の屆出義務者は自ら戶籍吏の面前へ出頭して其屆出を爲すことを要し疾病其他の事故に因り戶籍吏の面前へ出頭すること能はさるときと雖も代理人を差出すことを得さるものとす（戶、九四、五八）

第四　屆出の要件

緣組の屆書には左の諸件を記載することを要するものとす（戶、八五）

一　當事者の氏名、出生の年月日、職業及ひ本籍地

二　養子の實父母の氏名、職業及ひ本籍地

三　當事者か家族なるときは戶主の氏名、職業及ひ本籍地

養子か婚家又は養家より更に緣組に因りて他家に入る場合に於ては前項に揭けたる事項の外婚家の戶主又は前養親の氏名、職業及ひ本籍地を記載することを要す養子緣組を爲すに付き戶主、父母、配偶者、後見人又は親族會の同意を必要とする場合あることは上述の如くなる

を以て此場合に於ては届出人は届出に同意の證書を添へ又は同意を爲したる者をして届出に同意の旨を附記し之に署名捺印せしむることを要し(戸、八七)配偶者ある者か緣組を爲す場合に於て其配偶者の一方か緣組の意思表示を爲すこと能はさる爲め其一方か双方の名義を以て緣組を爲す場合に於ては届出人は届書に其事由を記載することを要し(戸、八八)又遺言執行者か遺言に因る緣組の届出を爲す場合に於ては前揭の諸件の外遺言者の死亡の年月日を記載し且之に養子に關する遺言の謄本を添ふることを要するものとす(戸、八九)口頭を以て緣組の届出を爲さんとする場合に於ては戸籍吏に對し以上の各要件を陳述せさるへからす(戸、九三)

尙届出の方式に付ては第二章通則の説明及ひ左の書式を看るへし

第八十九例

(書式)養子緣組届書式

其一　戸主か養子緣組を爲す場合

養子緣組届（用紙半紙 届書二通）

東京府北豐島郡染井町貳拾番地

戸主平民農

養父　高橋勝司

嘉永　年　月　日生

養母無職業　高橋なみ

安政　年　月　日生

神奈川縣高座郡福田村參拾六番地

戸主農平次右衛門三男平民農

父平次右衛門　母無職業げん　三男

養子　野原建三

明治拾年　月　日生

右養子縁組候間此段及御屆候也

明治四拾參年　月　日

高橋勝司㊞

高橋なみ㊞

野原建三㊞

神奈川縣都筑郡川和村貳番地農

證人　平澤陸次郎㊞

明治拾年月日生

栃木縣下都賀郡矢板八拾番地農

證人　青木彌左衛門㊞

弘化年月日生

右縁組ニ同意ス

養子ノ父
戸主　野原平次右衛門㊞

生年月日

養子ノ母　野原げん㊞

生年月日

北豊島郡染井町戸籍吏何

某殿

第九十例

◉養子緣組屆書式

其二　家族か養子緣組を爲す場合

養子緣組屆（用紙半紙　屆書二通）

千葉縣安房郡由基村成川五拾番地
戶主農丑松弟魚商
養父　細井芳藏
明治年月日生
養母無職業　細井てつ
明治年月日生

東京市本鄕區菊坂町百〇貳番地
戶主紙商藤吉弟無職業
父　庸次
母無職業　シン　二男
養子　常盤守衞
明治年月日生

右養子縁組候間此段及御届候也

明治　年　月　日

細井芳藏㊞

細井てつ㊞

常盤守衞㊞

東京市麻布區廣尾町八拾五番地農

證人　榎本久次郎㊞

明治年月日生

茨城縣新治郡土浦町貳百番地鐵物商

證人　石井兵吉㊞

明治年月日生

安房郡由基村戸籍吏何

某殿

右縁組ニ同意ス

養親ノ戸主　細井丑松㊞

養子ノ戸主　常盤藤吉㊞
生年月日

養子ノ實父　常盤庸次㊞
生年月日

同　實母　常盤シン㊞
生年月日

第九十一例

◉養子縁組屆書式

其三　養子か十五年未滿なる場合

養子縁組屆（用紙半紙　屆書二通）

東京市芝區兼房町參番地戸主

平民菓子商

養父　龜山佐太郎

養母無職業　龜山みさほ　生年月日

山梨縣甲府市柳町八拾貳番地

戸主茶商新助二男平民學生

父　新助
母産婆フク　二男

養子　内藤才次　明治年月日生

右養子縁組候間此段及御届候也

明治　年　月　日

龜山佐太郎㊞

龜山みさほ㊞

養子才次十五年未滿ニ付縁組ノ承諾者

父　内藤新助㊞

母　内　藤　フ　ク㊞
生年月日

東京市京橋區南槇町拾五番地
證人　澁　谷　清　兵　衛㊞
生年月日

東京市麻布區網代町六拾七番地
證人　田　中　友　吉㊞
生年月日

東京市芝區戶籍吏何　某殿

第九十二例

◉養子緣組屆書式

其四　婚家より更に養子緣組に因りて他家に入る場合

養子緣組屆　（用紙半紙屆書二通）

東京市深川區靈巖町拾番地
戸主平民大工職
養父　川村國松
生年月日
埼玉縣北足立郡保谷村五番地戸主
農德藏弟亡善吉妻平民無職業
父北足立郡指扇村八番地荒物商　石田勘七
母無職業　たか二女
養子　吉田しづ
明治年月日生
右婚家戸主北足立郡保谷村五番地農
吉田德藏
右養子緣組候間此段及御屆候也
明治　年　月　日

川　村　國　松㊞

吉　田　し　づ㊞

栃木縣都賀郡吹上村五拾番地農

證　人　宮　崎　金　四　郎㊞

生年月日

埼玉縣秩父郡吾野村參百六番地

證　人　宮　本　文　平㊞

生年月日

右養子縁組ニ同意ス

東京市深川區戸籍吏何

某殿

養子ノ實父　石　田　勘　七㊞

生年月日

同實母　石　田　た　か㊞

生年月日

同婚家戸主　吉田徳藏㊞
生年月日

第九十三例

◉養子縁組屆書式

其五　養家より更に養子縁組に因り他家に入る場合

養子縁組屆　（用紙半紙 屆書二通）

大阪市南區安堂寺町參丁目貳番邸
戸主平民裁縫職
養父　高田源八
生年月日
養母　無職業　高田こと
生年月日

大阪市西區北堀江通壹丁目四拾番邸
戸主糸商貞作養子平民無職業

父　西區土佐堀通貳丁目四番地鰹節商　古橋又兵衛　四男
母　母無職業　はん

養子　杉山秀雄
明治　年　月　日生

右養父西區北堀江通壹丁目四拾番邸
糸商　杉山貞作
右養母　無職業　杉山せき

右養子縁組候間此段御届候也
明治　年　月　日

高田源八㊞
高田こと㊞
杉山秀雄㊞

奈良縣奈良市南圓堂下樽井町八番地
左官職

証人　冲田儀之助㊞
生年月日

大阪市西區江戸堀北通貳丁目拾參番地
旅籠業
證人　倉本勇治郎㊞
生年月日

大阪市南區戸籍吏何
某殿

右養子縁組ニ同意ス

秀雄ノ實父　古橋又兵衛㊞
生年月日

同　實母　古橋はん㊞
生年月日

同實家の戸主　古橋貞作㊞
生年月日

同養父戸主　杉　山　良　次㊞
生年月日

同　養母　杉　山　せ　き㊞
生年月日

第九十四例

◉養子縁組屆書式

其六　配偶者ある者か養子と爲る場合

養子縁組屆（用紙半紙屆書二通）

東京市下谷區花園町五番地
戸主平民印刷業
養父　小　暮　宗　治
生年月日

養母　無職業　小　暮　ゆ　い
生年月日

東京市牛込區矢來町拾貳番地
戸主煙草商安藏弟平民無職業
父亡小問物商萬造
母無職業もと　二男
養子　早川芳
明治年月日生
父淺草區瓦町貳番地青物商金子辰之助
母無職業まつ　三女
養子妻無職業　早川かのへ
明治年月日生

右養子縁組候間此段及御屆候也
明治　年　月　日

小暮宗治㊞
小暮ゆい㊞
早川芳㊞
早川かのへ㊞

東京市神田區田代町拾貳番地
漆器商
證人　清水常吉㊞
生年月日
東京府北豐島郡千登世町四番地
農
證人　小見松造㊞
生年月日

東京市下谷區戶籍吏何
某殿

右養子緣組ニ同意ス
養子芳ノ戶主　早川安藏㊞
年月日生
養子芳ノ實母　早川もと㊞
生年月日

第九十五例

◉養子縁組届書式

其七　夫か妻の子を養子とする場合

養子縁組届　（用紙半紙 届書二通）

鳥取縣八東郡北方村四百拾八番地

戸主平民農

養父　川瀬孫次郎

生年月日

鳥取縣八東郡朝酌村貳拾五番地

戸主理髪師彌吉孫平民農

母八東郡北方村四百拾八番地農　川瀬りん私生子女

養子　川井とき

明治年月日

右養子縁組候間此段及御届候也

明治　年　月　日

川瀬孫次郎㊞

川井とき㊞

宮崎縣東臼杵郡北方村拾番地農

證人　辻本仲十郎㊞

生年月日

東京市麻布區宮崎町六番地農

證人　大塚小太郎㊞

生年月日

八東郡北方村戸籍吏何

某殿

右養子縁組ニ同意ス

養父孫次郎妻　川瀬りん㊞

生年月日

養子ときノ實家戸主　川井彌吉㊞

第九十六例

◉養子縁組屆書式

其八　女婿と爲す爲め養子縁組を爲す場合

養子縁組屆　（用紙半紙　屆書二通）

生年月日

東京市下谷區五條町五番地

戸主平民藥種商

養父　國技兎茂江

生年月日

養母　無職業國枝たま

生年月日

東京市本所區千歳町八番地

戸主醫師昌美二男平民學生

父　昌美
母無職業クメ　二男

養子　伴　曹　雄
生年月日

右三女はなノ女婿ト爲ス爲メニ養子緣組候間此段及御屆候也
明治　年　月　日

國技兎茂江㊞
國技たま㊞

養子曹雄十五年未滿ニ付緣組ノ
承諾者
父　伴　昌　美㊞
年月日生
同
母　伴　ク　メ㊞
生年月日

東京市深川區富川町拾參番地
石工

證人　入江銀之助㊞
生年月日

東京市麴町區隼町貳番地
筆墨商
證人　寺澤仲十郎㊞
生年月日

東京市下谷區戸籍吏何某殿

右養子緣組ニ同意ス

養子ノ戸主　伴昌美㊞

第九十七例

◉養子緣組屆書式

其九　戸内に於て養子緣組を爲す場合

養子緣組屆（用紙半紙屆書二通）

東京市芝區琴平町貳拾八番地

戸主士族新聞記者
養父　田部義之助
生年月日
養母　無職業　田部みさほ
生年月日
東京市芝區琴平町貳拾八番地
戸主義之助弟士族官吏
父亡　無職業田部左内
母亡　無職業　サダ二男
養子　田部吾郎
明治年月日生

右戸内ニ於テ養子縁組候間此段及御届候也

明治　年　月　日

田部義之助㊞
田部みさほ㊞

東京市四谷區愛住町六番地
田部吾郎㊞

醫學得業士
證人　工藤秀久㊞
年月日生

東京市京橋區幸町拾九番地
質商
證人　阿部佐吉㊞
年月日生

東京市芝區戸籍吏何　某殿

第九十八例

◉養子縁組届書式

其十　廢家者を養子と爲す場合

養子縁組届（用紙半紙　届書二通）

東京市淺草區壽町壹番地
戸主平民瓦職
養父　江口金次郎㊞
生年月日
東京市本郷區曙町貳拾八番地
廢家元戸主平民紙漉業
父亡　母亡　千葉縣長生郡關村拾六番地無職業大塚八郎　無職業　みや　二男
養子　大塚仙次郎
明治年月日生
父亡　母亡　大塚仙次郎　無職業　すま　長男
父仙次郎ニ從ヒ其家ニ入ル
政次郎
明治年月日

右養子縁組候間此段及御届候也
明治　年　月　日

江口金次郎㊞
大塚仙次郎㊞

千葉縣山武郡東金町貳番地

證人　梶川松兵衞㊞
生年月日

東京市淺草區駒形町拾番地
白米商

證人　森田寅吉㊞
生年月日

東京市淺草區戸籍吏何　某殿

（注　意）

廢家者に家族か數名あるときも亦此例に依る

第九十九例

◉養子縁組屆書式

其十一　遺言に因り養子縁組を爲す場合

養子縁組屆（用紙半紙 屆書二通）

東京市深川區鶴歩町壹番地
戸主平民金貸業

明治　年　月　日死亡　養父　上野謙業

生年月日

東京市神田區柳原町拾六番地
戸主公吏俊藏二男平民學生

父 俊藏
母 やま
無職業 二男

養子　横川鉞三郎

明治年月日生

右謙業ノ遺言ニ依リ養子縁組候間遺言書ノ謄本相添此段及御屆候也

明治　年　月　日

東京市小石川區竹早町六番地

戸主平民官吏

遺言執行者　津田敬吉㊞

生年月日

養子　横川鉞三郎㊞

静岡縣周智郡熊切村參番地醫師

所在地東京市芝區車町四番地

證人　伊藤猛夫㊞

生年月日

東京市日本橋區松島町九番地

官吏

證人　松坂智次㊞

生年月日

東京市深川區戸籍吏何　某殿

右養子縁組ニ同意ス

養子ノ父
戸主　横川俊藏㊞
生年月日
養子ノ母　横川やま㊞
生年月日

第百例

◉緣組無效の場合に於ける登記取消申請書式

養子緣組登記取消申請（用紙半紙 屆書二通）

茨城縣眞壁郡雨引村大字本木
貳拾參番地戸主平民農
養父　種田保彥
弘化年月日生
養母　無職業　種田ふさ
慶應年月日生
養子　學生　種田恭利

明治年月日生

右恭利ノ實家戸主宮城縣桃生郡飯野川村

八番地農松澤雄之助

右明治　年　月　日養子縁組及御届候處別紙證明書ノ事由ニ因リ該縁組ハ無效ナルヲ以テ前記届出ニ因ル縁組登記ヲ御取消相成度此段申請候也

明治　年　月　日

申請人　種田保彦㊞

種田ふさ㊞

種田恭利㊞

眞壁郡雨引村戸籍吏何　某殿

第百一例

◉縁組の無效又は取消の裁判確定の場合に於ける登記取消申請書式

養縁組登記取消申請（用紙半紙 届書二通）

茨城縣眞壁郡雨引村大字本木
貳拾參番地農
養　父　　種　田　保　彥
生年月日
養母　無職業　種　田　ふ　さ
生年月日
養子　學生　種　田　恭　利
生年月日
右恭利ノ實家戶主宮城縣桃生郡飯野川村
八番地農松澤雄之助

右明治　年　月　日養子緣組及御屆候處右緣組無效（又ハ取消）ノ裁判明治　年　月
日確定致候ニ付前記屆出ニ因ル緣組登記ヲ御取消相成度別紙裁判ノ謄本相添此段申請候也

明治　年　月　日

起訴者　種　田　保　彥㊞

同　種田ふさ㊞

眞壁郡雨引村戸籍吏何　某殿

第十二章　養子離縁

養子の離縁にも離婚と同しく協議上のものと裁判上のものとあり然れとも協議上離縁なると裁判上離縁なるとを問はす養子か戸主と爲りたる後は隱居を爲したる後に非されは離縁を爲すこと能はさるなり(民、八七四)

第一節　協議上の離縁

養子縁組の當事者は何時にても其協議を以て離縁を爲すことを得るものとす養子か滿十五年未滿なるときは其離縁は養親と養子に代はりて縁組の承諾を爲す權利を有する者卽ち實家に在る父母との協議を以て之を爲すことを得るものとす又實家に在る繼父母又は嫡母か離縁の協議を爲すには親族會の同意を得ることを必要とす而して養子に代はりて縁組の承諾を爲す權利を有する者は養子に代はりて離縁の協議を爲すことを得るを以て現實に養子縁組の承諾を爲した

る父母たることを要せす承諾を爲すへかりし地位に在る父母は十五年未滿の養子に代りて離緣の協議を爲すことを得るものとす尙養親か死亡したる後養子か離緣せんとするとき戶主の同意を得て離緣することを得るも養親か死亡したる爲め養子か戶主となりたるときは直に離緣を爲すこと能はさるを以て更に隱居を爲して其戶主たる地位を退きたる上新戶主の同意を得て離緣を爲すの外なきなり（民、八六二）

滿二十五年に達せさる者か協議上の離緣を爲すには其者か養親たると養子たるとを問はす其家に在る父母の同意を得ることを要す若し父母の一方か知れさるとき、死亡したるとき、家を去りたるとき又は其意思を表示すること能はさるときは他の一方の同意のみを以て足り父母共に此等の事情あるときは未成年の養子は（養親に未成年者なし）其後見人及ひ親族會の同意を得ることを要す又養親又は養子の繼父母及ひ嫡母か子の離緣を爲すに付き同意せさるときは子は親族會の同意を得て離緣を爲すことを得るものとす（民、八六三）、

養親又は養子か禁治產の宣告を受けたるときと雖も心神を回復したるときは自ら離緣の意思を表示することを得るものにして後見人の同意を得ることを要せすと雖も其者か二十五年に達せさるときは父母其他の同意を得へきこと右に述へたるか如し（民、八六四）

夫婦か養子となり又は養子か養親の他の養子と婚姻を爲したる場合に於て夫か離緣となりたるときは妻は夫に隨ひて其家に入るへきものなれとも若し妻か離緣に因りて養家を去るに至りたるときは夫は其選擇に從ひ離緣を爲して妻と共に養家を去るか又は其妻を離婚して獨り養家に止まるかを決せさるへからす(民、八七六)

離緣の協議は緣組と同しく戶籍吏に屆出るに因りて初めて其效力を生するものにして其屆出を爲ささる以上は當事者間に離緣の協議か成立するも法律上未た何等の效力をも生せさるものとす而して其屆出に付ては次節に至りて說明する如く當事者双方及ひ成年の證人二人以上より之を爲すへく戶籍吏は其屆出か適法なるや否やを判斷し若し法令に違反したる屆出なるときは之を却下へきものなること勿論なれとも若し戶籍吏か故意又は過失に因り之を受理したるときは縱令屆出の方式に瑕疵あるも之か爲め離緣は其效力を妨けらるることなく屆出と同時に離緣の效力を生するものとす

第二節　裁判上の離緣

養子離緣に付き當事者間に協議の調ひたるときは何時にても自由に離緣を爲すことを得るは

前章に於て説明したる如しと雖も若し當事者間に其協議か調はさるときは離縁を希望する當事者より裁判所へ訴訟を提起し裁判上の離縁を爲すの外なきなり然れとも裁判上の離縁を爲すには一定の原因存することを要し濫りに離縁の訴を提起することを得るものに非らす之れ裁判上の離婚と殆んと同一なり又養子か戸主となりたる後は如何なる原因ある場合と雖も隱居を爲したる後に非されは離縁の訴を提起すること能はさるは前節に於て述へたる如し

第一　裁判上の離縁の原因

縁組の當事者の一方は左の場合に限り離縁の訴を提起することを得るものとす（民、八六六）

一　他の一方より虐待又は重大なる侮辱を受けたるとき

二　他の一方より惡意を以て遺棄せられたるとき

三　養親の直系尊屬より虐待又は重大なる侮辱を受けたるとき

四　他の一方か懲役一年以上の刑に處せられたるとき

此場合に於て當事者の一方か他の一方の行爲に同意したるとき又は懲役一年以上の刑に處せられたるときは他の一方に同一の事由あることを理由として離縁の訴を提起することを得さるものとす（民、八六九）

五　養子に家名を瀆し又は家產を傾くへき重大なる過失ありたるとき
以上一乃至五の場合に於ては其訴を提起する權利を有する者か離緣の原因たる事實を知りたる時より一年を經過したる後又は其事由發生の時より十年を經過したる後は離緣の訴を提起することを得さるものとす（民、八七〇）
六　養子か逃亡して三年以上復歸せさるとき
此場合に於ては養親は養子の復歸したる後と雖も離緣の訴を提起することを得るものとす然れとも養親か養子の復歸したることを知りたる時より一年を經過したる後に於ては最早離緣の訴を提起すること能はさるなり（民、八七一）
以上一乃至六の場合に於て當事者の一方か他の一方又は其直系尊屬の行爲を宥恕したるときは離緣の訴を起すこと能はさるものとす（民、八六八）
七　養子の生死か三年以上分明ならさるとき
此場合に於ては養子の生死か分明となりたる後は最早離緣の訴を起すことを得さるものとす（民、八七二）
八　他の一方か自己の直系尊屬に對して虐待を爲し又は之に重大なる侮辱を加へたるとき

此場合に於ては其離緣の訴を提起する權利を有する者か離緣の原因たる事實を知りたる時より一年を經過したる後又は其事實發生の時より十年を經過したる後は之を提起すること能はさるものとす(民、八七〇)

九　婿養子緣組の場合に於て離婚ありたるとき又は養子か家女と婚姻を爲したる場合に於て離婚又は婚姻の取消ありたるとき

此場合に於て離婚又は婚姻取消の訴か提起されたるときは之に附帶して離緣の訴を爲すことを得然れとも當事者か離婚又は婚姻の取消ありたることを知りたる後六个月を經過し又は離緣請求の權利を拋棄したるときは離婚又は婚姻の取消を理由として離緣の訴を提起することと能はさるものとす

離緣の訴は以上に掲けたる場合に限り之を提起することを得るものとす而して各項の說明に付ては婚姻の取消離婚養子緣組の取消に付き說明したる所を參照すへし

尙養子か離緣の訴を提起すへき場合に於て滿十五年に達せさるときは其緣組に付き承諾權を有する者即ち現に實家に在る父母より離緣の訴を提起することを得るものとす只其養子の實家に在る父母か繼父母又は嫡母なるときは其繼父母又は嫡母は親族會の同意を得たる上に非

されは離縁の訴を提起すること能はさるなり(民、八六七)

尚夫婦か養子となり又は養子か養親の他の養子と婚姻を爲したる場合に於て妻か離縁に因りて養家を去るへきときは夫は其選擇に從ひ離縁又は離婚を爲すへきこと協議上の離縁に付き述へたる如し(民、八七六)

第二　離縁の訴

以上に掲けたる場合に於て當事者の一方より提起すへき離縁の訴は養親か普通裁判籍を有する地即ち養親の住所地を管轄する地方裁判所へ提起すへきものとす但前項九の事由を原因として離縁の訴を提起するときは婚姻事件を管轄する地方裁判所に於て之を管轄すへきこと勿論なり(人訴、二四)

第三節　離縁の效力

離婚に因りて夫婦間の關係か總て消滅すると同しく養子か離縁となりたるときは協議上の離縁なると裁判上の離縁なるとを問はす養子と養親との間に生したる親子關係は總て消滅に歸するものとす故に離縁後に於ては養子と養親及ひ其血族に於ては全く親族關係が消滅することは

既に第一章に於て親族の範圍を說明するに當りて詳說したる所なり

養子か協議上又は裁判上に於て離緣せられたるときは實家に復籍し養子緣組を爲す當時實家に於て有せし身分を回復するものとす故に養子となりたる者か實家の戶主の二男なりしに其者か離緣に因り實家に復籍したるときは長男か死亡し又は廢嫡せられたるときは三男のある場合と雖も養子となりたる二男か其家督相續人となるへし然れとも養子か實家へ復籍したるときに於て第三者か既に取得したる權利を害すること能はさるを以て例へは右の例に於て二男たる養子か離緣復籍を爲す當時既に三男か家督相續を爲し其家の戶主となりたるときは其戶主權を侵害して自ら戶主となること能はさるか如し要するに養子は離緣に因りて實家に復籍する場合に於ては他人の既得權を害せさる範圍に於て緣組前の身分を回復するものとす（民、八七五）

養子は實家の戶主の同意を得すして養子緣組を爲したる爲め其戶主より復籍を拒まれたるときは其養子か離緣となるも實家へ復籍すること能はす又離緣當時既に實家か廢絕家となり復籍すへき家なきに至りたるときは孰れも一家を創立して其家の戶主となるへく實家か廢家又は絕家となりたる爲め養子か實家へ復籍すること能はさるときは廢絕したる其實家を再興することを得るは既に第三章中に於て詳說したる所なり

第四節　離緣の屆出

第一　屆出期間

離緣も亦養子緣組と同しく屆出に因りて其效力を生するものなるを以て(民、八六四)其屆出を爲すまては依然養親子の關係あること勿論なれは離緣の屆出に付き一定の期間なきこと固よりなり

只裁判上の離緣に於て離緣の裁判か確定したるときは其訴を提起したる者は裁判確定の日より十日內に裁判の謄本を添へて其屆出を爲さゝるへからす(戶、九九)

第二　屆出の管轄

離緣屆出は當事者の本籍地又は其所在地の戶籍吏に之を爲すことを得るものとす

本籍地に屆出を爲す場合に於て當事者の本籍地か同一戶籍吏の管轄內なるときは屆書は一通にて足るも其本籍地か異なるときは屆書は二通を要す又所在地に屆出を爲す場合に於て當事者の本籍地か同一戶籍吏の管轄內なるときは屆書は二通を要し其管轄を異にするときは三通の屆書を必要とす但養子の復籍すへき家なきときは其離緣屆は本籍地に爲す場合には一通所

在地に爲す場合は二通の届書を要するものとす

第三　屆出義務者

離縁の屆出は其當事者卽ち養父養母と養子と成年の證人二人以上より口頭又は署名したる書面を以て之を爲すへきものとす（民、八六四、七七五）但養子か十五年未滿なるときは實家の父母と養親とより屆出を爲し又養親か死亡したる後離緣するときは養子より屆出を爲すを以て足る而して離緣の屆出義務者は自ら戸籍吏の面前へ出頭することを要し疾病其他の事故に因りて戸籍吏の面前へ出頭することと能はさるときと雖も代理人を差出すことを得さるものとす（戸、九六、九七、一〇一、五八）

第四　屆出の要件

離緣の屆書には左の諸件を記載することを要するものとす（戸、九五）

一　當事者の氏名、職業及ひ本籍地
二　養子の實父母の氏名、職業及ひ本籍地
三　當事者か家族なるときは戸主の氏名、職業及ひ本籍地
四　緣組の年月日

五　離縁か協議又は裁判に因ること
六　養子の妻か養子と共に養家を去るへきときは其旨及ひ妻の名
七　養子か復籍すへき家の戸主の氏名、職業及ひ本籍地
八　養子か復籍すへき家なきときは其事由

當事者か養子離縁を爲すに付き第一節に述へたる如く戸主、父母、後見人又は親族會の同意を要する場合に於ては届出人は届書に同意の證書を添へ又は同意を爲したるものをして届書に同意の旨を附記し之に署名捺印せしむることを要するものとす(戸、九八)

口頭を以て離縁の届出を爲す場合に於ては以上に掲けたる要件を戸籍吏に對し陳述することを要するなり(戸、一〇〇)

尚届出の方式に付ては第二章通則の説明及ひ左の書式を參照すへし

第百二例

◉養子離縁届書式

其一　普通の場合

養子離縁届　(用紙半紙 届書二通)

茨城縣眞壁郡雨引村大字本木貳拾參番地
戸主平民農
養父　種田保彥
弘化年月日生
養母無職業　種田ふさ
慶應年月日生
父　宮城縣桃生郡飯野川村八番地農松澤雄之助
母　無職業　いま　三男
養子　學生　種田泰利
明治年月日生
宮城縣桃生郡飯野川村八番地農
泰利カ復籍スヘキ家ノ戸主　松澤雄之助

右明治　年　月　日緣組致候處今般協議上離緣候間此段及御屆候也
明治　年　月　日
種田保彥㊞

種田ふさ㊞
種田泰利㊞
神奈川縣橘樹郡生田村拾番地酒商
證人　熊谷長治㊞
生年月日
群馬縣西群馬郡新町四番地荒物商
證人　竹内秀次郎㊞
生年月日
眞壁郡雨引村戸籍吏何某殿
右離縁ニ同意ス
養子ノ實父　松澤雄之助㊞
生年月日
養子ノ實母　松澤いま㊞
生年月日

第百三例

⑤養子離緣屆書式

其二　婿養子か離婚を爲さすして離緣を爲す場合

婿養子離緣屆・（用紙半紙 屆書二通）

東京市小石川區櫻木町拾七番地

戶主平民印板職

養父　內田寬吾

生年月日

母　無職業　內田ふじ

生年月日

父　芝區二葉町四番地木具師浪江
母　無職業　アキ二男

婿養子　內田定次郞

明治年月日

父　內田寬吾
母　無職業　ふじ二女

夫ト共ニ家ヲ去ル
婿養子定次郎妻無職　内田たき㊞
明治年月日
東京市芝區二葉町四番地木具師
定次郎カ復籍スヘキ家ノ戸主
堤浪江
内田寛吾㊞
内田ふじ㊞
内田定次郎㊞
右明治　年　月　日縁組候處今般協議上離縁候間此段及御届候也
明治　年　月　日
岡山縣勝北郡廣戸村貳番地農
證人　杉山島藏㊞
生年月日
東京市神田區相生町五番地魚商
證人　森山幸二郎㊞

生年月日

東京市小石川區戶籍吏何

某殿

右離縁ニ同意ス

定次郎ノ實父　堤　浪　江㊞

生年月日

同　實母　堤　ア　キ㊞

生年月日

第百四例

◉養子離縁届書式

其三　配偶者ある養子か離縁を爲す場合

養子離縁届（用紙半紙 届書二通）

東京市本郷區千駄木町八番地

戶主平民薪炭商

養　父　中　村　源　二

父亡　埼玉縣入間郡所澤町拾八番地　藥種商　畠山周助
母　無職業　さわ　二男

養子　藥劑師　中村祐一
明治年月日生

父　千葉縣千葉郡都村九拾八番地農　杉本萬平
母　農　きち　四女

夫ト共ニ家ヲ去ル　養子　中村むめ
明治年月日生

埼玉縣入間郡新澤町拾八番地
藥種商
祐一カ復籍スヘキ家ノ戸主　兄　畠山信吉

右明治　年　月　日縁組致候處今般協議上離緣候間此段及御屆候也

明治　年　月　日

中村源二㊞
中村祐一㊞
中村むめ㊞

東京市本鄕區駒込淺賀町九番地
土木請負業
證　人　日　比　勉　吉㊞
生年月日
京市下谷區竹町參拾壹番地質商
證　人　近　藤　福　次　郎㊞
生年月日

東京市本鄕區戶籍吏何　某殿

第百五例

◉養子離緣屆書式
其四　養家に於て妻を迎へたる養子か離緣を爲す場合

養子離緣屆（用紙半紙屆書一通）

石川縣羽咋郡高濱村六百八拾番地
戶主平民農

養父　倉田百太郎　生年月日

養女髮結業　倉田あさ　生年月日

父　香川縣山田郡菴治村八百七拾八番　平農　岩村成中
母　無職業　せん
三男

養子　農　倉田喜重　明治年月日

香川縣山田郡菴治村八百七拾八番地農

喜重カ復籍スヘキ家ノ戸主　岩村成中

父　石川縣羽咋郡小出村八番地　熊職業　西口清次郎
母　無職業　つの
長女

養子喜重妻　無職業　倉田さく　明治年月日

夫ト共ニ家ヲ去ル

石川縣羽咋郡小出村八番地油商

妻さくノ實家戸主　兄　西口久四郎

右明治　年　月　日緣組致候處今般協議上離緣候間此段及御屆候也

倉田百太郎㊞

倉田あさ㊞

倉田喜重㊞

明治　年　月　日

石川縣羽咋高濱村二拾八番地

下駄商

證人　收　三　平㊞

生年月日

福井縣敦賀郡東浦村四拾九番地

博樂

證人　松　岡　利　八㊞

生年月日

羽咋郡高濱村戶籍吏何

某殿

第百六例

◉養子離縁屆書式

其五　十五年未滿の養子か離縁する場合

養子離縁屆　（用紙半紙／屆書二通）

東京市神田柳町六番地

戸主平民寫眞師

養父　山田英治　生年月日

養母　裁縫業　山田いく　生年月日

養子　無職業　山田誠之助　生年月日

父　芝區松本町九番地　人力車製造業　原信藏

母　無職業　千代

三男

東京市芝區松本町九番地

人力車製造業
誠之助カ復籍スヘキ家ノ戸主　原　信　藏

右明治　年　月　日養子縁組候處今般協議上離縁候間此段及御屆候也

明治　年　月　日

山　田　英　治㊞

山　田　い　く㊞

養子誠之助十五年未滿ニ付離縁ノ承諾者

父　原　信　藏㊞
生年月日

同　母　原　千　代㊞
生年月日

東京市深川區鶴歩町八番地
指物職
證人　神　保　辰　次　郎㊞

東京市神田區松枝町五番地　　生年月日
製本職
證人　仁科益之助㊞　生年月日

東京市神田區戸籍吏何　某殿

第百七例

◉養子離縁届書式

其六　養親の死亡したる後離縁を爲す場合

養子離縁届（用紙半紙 届書二通）

東京市芝區新町拾番地戸主紙商竹内勇
養父亡政一
養母亡ゑづ　養子平民無職業
父　牛込區寺町貳番地下駄商重田貞藏
母　無職業　さ乃　二男
養子　竹内宮吉

明治年月日生

東京市牛込區寺町貳番地

古着商

宮吉カ復籍スヘキ家ノ戸主　兄　重田藤三郎

右明治　年　月　日養子縁組候處養親死亡シタルニ依リ戸主ノ同意ヲ得テ離縁候間此段

及御屆候也

明治　年　月　日

竹内宮吉㊞

東京市麴町區三番町拾番地靴商

證人　清水作平㊞

生年月日

千葉縣東葛飾郡行德町貳番地

漁業

證人　谷口源次郎㊞

生年月日

東京市芝區戸籍吏何　某殿

養家ノ戸主　竹　内　勇㊞

右離縁ニ同意ス

第百八例

◉養子離縁屆書式

其八　養子の復籍すへき家なき場合

養子離縁屆（用紙半紙 屆書一通）

東京市麻布區西町五拾九番地

戸主平民青物商

養　父　深　山　庄　三　郎

生年月日

父亡 深川區蛤町貳番地大工職 菊地平藏

母亡 無職業 かめ 二男

養　子　無職業　深　山　良　三

生年月日

右良三ノ實家東京市深川區蛤町貳番地戶主菊地氏絕家ト爲リタルニ依リ復籍スヘキ家ナシ

右明治　年　月　日養子緣組候處今般協議ノ上離緣候間此段及御屆候也

明治　年　月　日

深山庄三郎㊞

深山良三㊞

東京市下谷區二長町參拾八番地

銅壺職

證人　水間仙太郎㊞

生年月日

埼玉縣南埼玉郡鷲宮町五百貳拾九番地

農

證人　土屋甚左衞門㊞

生年月日

東京市麻布區戶籍吏何　某殿

第百九例

◉養子離緣屆書式

其九　裁判上の離緣の場合

養子離緣屆　（用紙半紙屆書二通）

東京市牛込區拂方町貳拾四番地

戶主平民乾物商

養　父　大　島　參　松　生年月日

養母　無職業　大　島　さ　だ　生年月日

父　本所區花町四番地　呉服商　原田寅吉
母　無職業　み　つ　二女

養子　無職業　大　島　道　子　生年月日

東京市本所區花町四番地
呉服商
右道子カ復籍スヘキ家ノ戸主　兄　原田勝造

右明治　年　月　日養子縁組致候處明治　年　月　日離縁ノ裁判確定致候ニ付キ
裁判ノ謄本相添此段及御届候也

明治　年　月　日

起訴者　大島參松㊞

起訴者　大島さだ㊞

神奈川縣南多摩郡小宮村九番地
無職業

證人　佐波幸之助㊞
生年月日

東京府南葛飾郡龜戸町八拾八番地
鍛冶職

證人　鈴木常吉㊞
生年月日

東京市牛込區戸籍吏何　某殿

第十三章　親權

第一節　親權者

子は未成年者なると否とを問はす其家に在る父又は母の親權に服するものとす盖子か親の監護を受け又子か親に奉することは人倫の大本にして殊に智慮の全く缺如する幼者又は智慮の淺薄なる靑年者に對しては何人か之を保護敎育するの要あること勿論にして其監護者としては自然の愛情に富むへき父母を以て最適任とす故に法律上に於ても子は絶對に其家に在る父の親權に服するものとし若し父か知れさるとき、死亡したるとき、家を去りたるとき又は親權を行ふこと能はさるときは家に在る母之を行ふものとせり(民、八七七)玆に父の知れさるときとは私生子の場合を謂ひ家を去りたるときとは父か分家を爲し廢絶したる他家を再興し、他家の養子となり又は父か養子若くは入夫たるとき離縁又は離婚となりたる場合を謂ひ親權を行ふこと能はさるときとは父か永く不在なるとき又は心神を喪失して實際上親權を行ふこと能はさる場合を指すなり是等の場合に於ては其家に在る母か父に代はりて親權を行ふへきものなりと雖も若し母か死亡し又は其家を去り其他事實上親權を行ふこと能はさるときは全く親權者なきに至れるを以て次章に述ふる如く未成年者は其後見人の保護を受くるに至るものとす

繼父、繼母又は嫡母と雖も其繼子又は庶子に對し親權を行ふことを得れとも元來繼父母又は嫡母は眞の親子に非さるを以て多少愛情の程度に差異あることは人情の免れさる所なるを以て是等の者か親權を行ふ場合に於ては後見に關する規定に依るものと爲し實親か親權を行ふ場合に比し一層嚴格なる規定を適用するものとせり（民、八七八）

以上に述へたる親權は子か未成年なると否とに拘はらす存在するものにして苟も子は其家に在る父又は母の親權に服せさるへからすと雖も例外として次の場合には子は親權に服せさるものとす卽ち子か成年に達し獨立の生計を營むに至りたるとき是なり蓋子か成年に達し既に獨立して生計を營むに至りたるときは其子は既に完全なる能力を有するものなるを以て進んで親權者か之を監護するの必要なく寧ろ親權者の親權に服せしむるときは行爲の自由を害し却て子の爲めに不利益を及ほすこと多きを以てなり其他親權は未成年の子に對する場合に其適用多くし

て成年の子に對して其適用多からさることは次節に至りて説明すへし

第二節　親權の效力

親權は子の財産上に關する外身上に關しても亦其效力を及ほすものとす身上に關する親權の效力は左の數種に分類することを得へし

第一　身上に關する親權の效力

一　子の監護及ひ敎育

親權を行ふ父又母は未成年の子の監護及ひ敎育を爲す權利を有し義務を負ふものとす（民、八七九）子の監護及ひ敎育は親權者の權利なると同時に一の義務なるを以て苟も親權者たる以上は父なると母なるとを問はす其子に必要にして且相當なる監護及ひ敎育を爲ささるへからす而して親權者は其子の監護及ひ敎育を爲すに付き必要なる範圍に於て未成年の子の居所を定むることを得るものにして子は父又は母の指定したる場所に其居所を定むることを要するものとす親權者及ひ其子か共に家族にして他に戸主あるときは其子は戸主權にも服從する結果戸主も亦其子の居所を指定することを得るものにして若し戸主の指定したる場所に居所を定めさるときは戸主は其家族を扶養するの義務を免るるを以て（民、七四九ノ二）未成年者の居所に付き戸主の指定したる場所と親權者の指定したる場所と異なるときは何れの指定に從ふへきやは法律上の疑問なれとも未成年者か親權に服するは絶對のものにして之に反すること能はさるものなるを以て親權者の指定したる場所に其居所を定めさるへからす但之か爲め戸主の扶養を受くること能はさるに至るへきは勿論なり（民、八八〇）子か身分上の或行爲を爲すに付き父母の許可又は同意を得へき場合又は父母か子を代表すへき場合を揭くれ左の如し

（イ）　兵役を出願する場合

未成年の子か兵役を出願するには親權を行ふ父又は母の許可を受くることを要す（民、八八一）

（ロ）　營業を爲す場合

未成年の子は親權を行ふ父又は母の許可を得るに非されは職業を營むこと能はす（民、八八三）

（ハ）　他家の家族となる場合

未成年の子か親族たる他家の戸主の同意を得て其家の家族となるときは親權者の同意を受くることを要す(民、七三七の二)

(ニ) 他家を相續し分家を爲し又は廢絕したる本家、分家、同家其他親族の家を再興する場合

未成年の子か此等の行爲を爲すには親權者の同意を得さるへからす(民、七四三)

(ホ) 婚姻を爲す場合

滿三十年未滿の男、滿二十五年未滿の女か婚姻を爲すには其家に在る父母双方の同意を要し父母の一方か知れさるとき、死亡したるとき、家を去りたるとき、又は其意思を表示すること能はさるときは他の一方の同意を得ることを要するものとす(民、七七二)

(ヘ) 離婚を爲す場合

滿二十五年に達せさる男又は女か離婚を爲す場合に於ても右(ホ)の場合と同樣なり(民、八〇九)

(ト) 嫡出子否認の訴を受くる場合

夫か妻の生みたる子を自己の胤に非らすと主張し嫡出子否認の訴を提起すへきときは其

母を相手方と爲すことを得此場合に於ては妻たる母は其子を代表し訴訟行爲を爲ささるへからす(民、八二三)

(チ)　私生子か父に對し認知を求むる場合

私生子の母は其子を認知せさる父に對し認知を求むることを得るものにして父か認知を承諾せさるときは訴訟を以て認知を强制することを得るものとす此場合に於て母は其子を代表することを得るなり(民、八三五)

(リ)　養子緣組を爲す場合

養子と爲るへき者か滿十五年未滿なるときは其家に在る父母か其子に代はりて緣組の承諾を爲すことを得(民、八四三)又成年の子か養子を爲し又は滿十五年以上の子か養子と爲るには其家に在る父母の同意を得ることを要するものとす(民、八四四)

(ヌ)　緣組の取消を請求する場合

未成年者か養子を爲し其養親と爲りたるときは其養親又は其親權者は緣組の取消を裁判所へ請求することを得るものとす(民、八五三)

(ル)　離緣を爲す場合

滿十五年未滿の養子か協議上の離緣を爲すときは實家に在る父母か代つて其承諾を爲すことを得へく又滿二十五年に達せさる者か協議上の離緣を爲すには父母の同意を要すること全く緣組の場合と同樣なり(民、八六二、八六三)

養子か滿十五年に達せさる間は實家に在る父母より離緣の訴訟を提起することを得るものとす(民、八六七)

(ヲ) 戶主權及ひ親權を行ふ場合

未成年者か戶主なるとき又は未成年者に子あるときは其未成年者の親權者は之に代はりて其戶主權又は親權を行ふことを得るものとす(民、八九五)

以上數個の場合に於ては父母は子の利益を保護する爲め或は子に代はりて其行爲を爲し或は子か自ら之を爲すに付き許可又は同意を與ふることを得るものとす

二 子の懲戒

親權を行ふ父又は母は必要なる範圍に於て自ら其子を懲戒し又は裁判所の許可を得て之を懲戒場に入るゝことを得るものとす而して其子か未成年者たると成年に達したるとを問はさるを以て親權者は成年の子に對しても此懲戒權を有するものなれとも其子の爲めに必要

なる範圍に限るを以て全く懲戒の必要なき子に對しては此權なきこと勿論なり子を懲戒場に入るゝ期限は六个月以下の範圍內に於て裁判所之を定むへきものなれとも此期間は父又は母の請求に因り何時にても之を短縮することを得るものとす（民、八八二）

第二　財產に關する親權の效力

親權は子の財產に關しても亦重要なる效力を有するものとす蓋財產は未成年者なると否と又戶主なると家族なるとを問はす苟も人たる以上は出生より死亡に至るまての間之を所有することを得るものなれとも全く意思能力なき幼者は勿論多少意思能力を有するも未た其能力の完全ならさる未成年者か財產を所有するときは善良なる管理者か之を保護するに非されは其子は遂に財產を損失するに至ることあるは論を俟たす而して其子に親權者あるときは其親權者をして子の財產を保護せしむることは子の爲めに最も利益なるを以て法律は親權者をして子の財產上に關しても種々なる效力を認め未成年者に親權なき場合に於ては後見人をして之を保護せしむることとなせり

親權を行ふ父又は母は未成年の子の財產を管理し又は其財產に關する法律行爲に付き其子を代表するの權利を有するものとす（民、八八四）又未成年の子か其配偶者の財產を管理すへき場合に於ては親權を行ふ父又は母か其未成年者に代はりて其財產を管理するものとす(民、八八五)而して未成年者たる子か或は全く意思なき幼者(例へは十歲以下の子の如し)なるときは其子の財產上のことに付ては全然親權者か子を代表し自由に子の財產を管理し又之を處分することを得へく又未成年者か相當の年齡に達し意思を有するに至りたる場合に於て其子か自ら財產上の行爲を爲すに付ては親權者の同意を得ることを要し若し此同意を得すして財產上の行爲を爲したるときは後日に至り其行爲を取消すことを得るものとす

父か親權を程ふ場合に於ては右に述へたる如く何等の制限を受くることなく自由に子を代表し又子の行爲を爲すに付き同意を與ふることを得へしと雖も母か親權を行ふ場合に於ては重要なる行爲に限り親族會の同意を得るに非されは未成年者の子を代表し又其子か行爲を爲すは付き同意を與ふること能はさるものとす重要なる行爲とは民法第八百八十六條に列記する如く營業を爲すとき、借財又は保證を爲すとき、不動產又は重要なる動產を喪失することを目的とする行爲を爲し又は裁判若しくは仲裁契約を爲すとき、相續を拋棄し贈與又は遺贈を拒絕するときを謂ふなり未成年者か自ら是等の行爲を爲す場合に親權者たる母か專斷にて之に同意を與へ又は其母か未成年者に代はりて是等の行爲を爲したるときは子又は法定代理人

に於て後日に至り之を取消すことを得るものとす(民、八八六、八八七)

其他親權者たる父又は母か子の財産に關し親權を行ふへき場合に於ては種々説明を要する詳細の規定尠からすと雖も財産上の問題は本書に於て説明すへき範圍に非さるを以て總て之を省略したり

第三節　親權の喪失

父又は母は通常其家に在る子に對して親權を喪失することなきを原則とすれとも下の場合に於て其親權の全部又は一部を喪失することあるものとす

第一　全部の親權喪失

父又は母か親權を濫用し又は著しく不行跡なるときは其子の親族又は檢事より裁判所へ親權喪失の請求を爲し得るものとす此の場合に於ては裁判所は其請求の當否を判斷し親權を奪取するを相當と認むるときは親權者たる父又は母に對し親權喪失の宣告を爲し得るものとす親權者か此宣告を受けたるときは其親權全部を喪失するを以て前節に述へたる子の身上に關する事項及ひ子の財産に關する事項に付き全く何等の權利を有せさるに至るものとす(民、八

九六）
裁判所に於て親權喪失の宣告を爲したる後に至り其親權者に親權喪失の原因なきに至りたるときは裁判所は本人又は其親族の請求に因り失權の宣告を取消すことを得るものとす（民、八九八）

第二　一部の親權喪失

一部の親權喪失とは前節に述へたる子の身上及ひ財産に關する親權の效力中財産に關する親權の喪失を謂ふものとす

親權者か子の財産管理權を喪失する場合二あり

一　裁判所の宣告に因る場合

親權を行ふ父又は母か管理の失當に因り其子の財産を危くしたるときは裁判所は子の親族又は檢事の請求に因り其管理權の喪失を宣告することを得るものとす裁判所か子の親族又は檢事の請求を相當と認め親權者に對し財産の管理權喪失の宣告を爲したるときは爾來其親權者は子の財産に關して全く無權限となるは勿論なれとも子の身上に關しては前節に述へたる親權を失ふことなきは言を俟たさるなり

父か管理權喪失の宣告を受けたるときは其管理權は家に在る母に於て之を行ふ若し父母共に此宣告を受けたるとき全く親權者なきに至るを以て後見人を選定すへきこと下に述ふる如し

親權を行ふ父又は母か管理權喪失の宣告を受けたる場合に於て其後に至り失權の原因か止みたるときは裁判所は本人又は其親族の請求に因り其宣告を取消すことを得るものとす（民、八九八）

二　辭任に因る場合

親權を行ふ父は如何なる原因あるも其親權の全部又は一部を拋棄することを得さるものとす蓋親權は一の權利たると同時に又一の義務なるを以てなり然れとも母は往々にして財產の管理に不適當なることあり却て後見人をして之に代らしむるを利益とする場合あるを以て法律は母に限り財產の管理を辭することを得るものとせり（民、八九九）

以上の場合に於て親權者か親權の全部又は一部を喪失したるときは未成年者に對し全く其保護者なきに至るを以て父母双方の存せさる場合と同しく後見人の保護を受くるに至るものとす後見に關しては次章の說明を看るへし

第十四章　後見

第一節　後見の開始

後見は未成年者又は禁治產者を保護する一の機關にして後見人及ひ後見監督人の二者により之を組織するものとす而して後見の事務を執行する者を後見人と謂ひ後見人の事務執行を監督するものを後見監督人と謂ふなり

後見は左の場合に於て開始するものにして此以外の場合に於ては全く後見なるものなきなり（民、九〇〇）

第一　未成年者の後見

未成年者を保護する爲めには其家に在る父又は母か親權を行ひ其效力として未成年者の身上及ひ財產に關し種々なる權利義務を有することは前章に於て說明したる如くなるを以て若し未成年者に親權を行ふ者あるときは他に後見なる保護機關を設くるの必要なきこと勿論なりと雖も若し未成年者に對し親權を行ふ者なきとき例へは父母か死亡し、他家に入り又は心神を喪失したるとき等の場合及ひ親權を行ふ者あるも財產の管理權を有せさるとき卽ち父母か裁判所に於て財產管理權喪失の宣告を受けたるとき又は母か親權を行ふ場合に於て財產の管理を辭したる場合に於ては其未成年者は全く保護者なきに至るを以て此場合に於ては親權者に代はりて未成年者を保護するもの卽ち後見を設くるの必要あり故に未成年者に對する後見は是等の場合に限り開始するものとす

第二　禁治產者の後見

禁治產者とは心神喪失の常況に在るものに對し區裁判所か本人、配偶者、四親等內の親族、戶主、後見人（本人か未成年者にて親權を行ふ者なきとき）、保佐人（本人か準禁治產者なるとき）又は檢事の請求に因り禁治產の宣告を爲したる者を謂ふ心神喪失の常況に在る者は固より完全なる意思能力なきものなるを以て特に之を保護する者なきときは其者は全く自己の利益を保護すること能はさるを以て法律は斯る者に對しては自ら財產を治むることを禁し之を後見に付し以て其者の利益を保護するものとせり故に區裁判所に於て禁治產の宣告を爲したるときは其者に親權者ある場合に於ても必す後見か開始するものにして其親權者か禁治產者の後見人となるものとす尙後見人と爲るへき者に付ては次節の說明を看るへし

以上第一第二の場合に於て當然後見か開始するものにして其未成年者又は禁治產者か財產を有

すると否と戸主なると家族なるとに拘はらす後見の機關を設くへきものとす

禁治產者の外に準禁治產者なるものあり準禁治產者とは心神耗弱者、聾者、啞者、盲者及ひ浪費者の如く心神に多少の障礙ありて其能力の完全ならさる者に對し區裁判所か本人、配偶者其他親族等の請求に因り準禁治產者の宣告を爲したる者を謂ひ(民、一一以下)準禁治產者か重要なる法律行爲を爲すに付ては保佐人の同意を得へきものとせるを以て準禁治產者に對しては後見なる機關は之れなきなり

第二節　後見人

後見の機關に後見人及ひ後見監督人あること上述の如し本節に於ては先つ後見人に關する諸般の規定を略說せんとす

第一　後見人となる者

未成年者又は禁治產者に對し後見の開始したる場合に於て其後見人となる者に付ては左の三種あり

一　指定後見人

指定後見人とは未成年者に對し最後に親權を行ふ者か遺言を以て指定したる後見人を謂ふ既に述へたる如く未成年者に對する後見は親權に代はる者なるを以て親權者より觀れは後見人は自己の相續人なる如き地位に在るものとす故に親權者か死亡するに當りては自己の適當なりと認むる後繼者を定むることを希望すること多かるへく之れ亦未成年者の爲めにも利益なること疑なきを以て法律は親權者に遺言を以て後見人を指定することを許したり然れとも左の場合に於ては親權者は後見人指定の遺言を爲すこと能はさるものとす

（イ）　親權者か死亡するも他に親權を行ふ者あるとき

親權を行ふ父か死亡するも母か代つて親權を行ふへき場合に於ては父の死亡に因り未た後見は開始せさるを以て其父は後見人を指定すること能はさるなり

（ロ）　親權者か生前に於て既に親權を失ひたるとき

未成年者たる子か他家の養子となり又は婚姻に因りて他家に入りたるときの如き場合及ひ裁判所に於て親權喪失を宣告せられたる父母は其子に對して親權を有するものに非さるを以て自己か死亡したる後に於ける後見人を指定すること能はさるものとす

（ハ）　親權者か管理權を有せるとき

親權を行ふ父又は母か裁判所に於て管理權喪失の宣告を受け又は母か財産の管理を辭したるときは後見人指定の遺言を爲すこと能はさるものとす

以上の場合に於ては遺言を以て後見人を指定すること能はすと雖も親權を行ふ父の生前に於て母か豫め財産の管理を辭したるときは其父の死亡後に於て子の財産を管理する者なきに至るを以て父は遺言を以て後見人の指定を爲すことを得るものとす

親權を行ふ父又は母か後見人を指定したる場合に於ては其指定を受けたる者は未成年者の後見人となるものなれとも相當の理由あるときは辭任することを得るは下に述ふる如し

(民、九〇一、九〇七)

二　法定後見人

法定後見人とは法律の規定に依り當然後見人となるへき者を謂ひ之を列擧すれは左の如し

(イ)　子か禁治産の宣告を受けたるとき

卽ち禁治産者に對し親權を行ふ父又は母あるときは其親權者は禁治産者の後見人となるものとす(民、九〇二ノ一)此規定は子か未成年者なると否とに拘はらす適用あるを以て成年に達したる子は財産上に關しては親權に服せさるも禁治産の宣告を受けたるときは

親權者たる後見に服するに至るへし

（ロ）　妻か禁治產の宣告を受けたるとき

此場合に於ては夫か其後見人となり妻に對して親權を行ふ者と雖も後見人となること能はさるなり若し夫か後見人たらさるとき卽夫か後見人を辭し又は後見人となるの資格を有せさるときは親權を行ふ父母か其後見人となること右（イ）例の場合と同し（民、九〇二ノ二、九〇七、九〇八）

（ハ）　夫か禁治產の宣告を受けたるとき

此場合に於ては妻か後見人となるものとす然れとも妻か後見人たらさるとき卽ち辭任又は無資格のとき及ひ夫か未成年なるときは妻は夫の後見人とならすして夫に對し親權を行ふ者か其後見人となるものとす（民、九〇二ノ三、九〇七、九〇八）

（ニ）　家族に後見人たる者あらさるとき

家族か未成年者にして親權者なきとき及ひ家族か禁治產の宣告を受けたる場合に於て前項に述へたる指定後見人なきとき及ひ右（イ）（ロ）（ハ）に述へたる法定後見人なきときは戶主か其後見人となるものとす但此場合に於て其戶主か未成年者又は禁治產者なるとき

は後見人となること能はさるは下に至りて明なり

三　選定後見人

選定後見人とは親族會に於て選定したる後見人を謂ふ而して親族會に於て後見人を選定すへき場合は以上一、二に述へたる指定後見人及ひ法定後見人なき場合なり尚親族會に於て後見人を選定する場合を明ならしめん爲め左に之を列記せむ

（イ）　未成年者に對し最後に親權を行ふ父又は母か其死亡前に遺言を以て後見人を指定せさる場合に於て其未成年者か戸主なるとき

（ロ）　右（イ）の場合に於て其未成年者か家族なるも其戸主か後見人たらさるとき卽ち其戸主か後見人を辭任し又は後見人となるの資格なきとき（民、九〇七、九〇八）

（ハ）　禁治産の宣告を受けたる者に親權を行ふ父又は母なき場合に於て其禁治産者か戸主なるとき

（ニ）　右（ハ）の場合に於て其禁治産者か家族なるも其戸主か後見人たらさるとき（右（ロ）の場合參照）

（ホ）　妻か禁治産の宣告を受けたるも夫か後見人たらさる場合に於て其妻に對し親權を

行ふ父又は母なく且其妻か戸主なるとき

（へ）　夫か禁治産の宣告を受けたるも妻か後見人たらさる場合に於て其夫に對し親權を行ふ父又は母なく且其夫か戸主なるとき

（ト）　右（ホ）（へ）の場合に於て禁治産の宣告を受けたる妻又は夫か家族なるも其家の戸主か後見人たらさるとき卽ち其戸主か後見人を辭し又は後見人となるの資格なきとき（民、九〇七、九〇八）

以上に揭けたる場合に於ては未成年者又は禁治産者の親族會は其後見人を選任することを要するものとす

又母か親權を行ふ場合に於て財産の管理を辭し、親權を行ひたる父又は母か其家を去り、戸主か後見人と爲る場合に於て隱居を爲し、又は一旦後見人となりたる者か其任務を辭したる場合に於て更に後見人を選任するの必要を生したるときは其父、母又は後見人は直に親族會を招集し又未た親族會の成立せさるときは其招集を區裁判所へ請求することを要するものとす（民、九〇五）此招集を受けたる親族會は右の後見人を選定すへきこと上述の如し

第二　後見人の辭任

婦女か後見人なるときは何時にても其任務を辭することを得るものとす蓋後見人は主として未成年者又は禁治產者の財產上に關する保護機關にして極めて重大なる責任を有するものなるを以て往々にして婦女は其任務に適せさることあるへく又婦女をして後見人たらしむるよりも男子をして之に代はらしむることを得策とする場合多かるへきを以て法律は婦女か後見人たる場合に於ては指定後見人たると法定後見人たると又選定後見人たるとを問はす何時にても其任務を辭することを得るものとせり

然れとも男子か後見人たるへき場合に於ては原則として辭任を許ささるものとし只已を得さる場合に限り辭任を爲すことを得るものとせり卽ち男子たる後見人か辭任を爲すことを得る場合は左の如し(民、九〇七)

一　軍人として現役に服するとき

二　被後見人の住所の市又は郡以外に於て公務に從事するとき

三　自己より先に後見人たる者に付き玆に掲くる辭任の事由存せし場合及ひ無格資の事由存せし場合に於て其事由か消滅し其先順位者か後見人たることを得るに至りたるとき

四　禁治産者の爲めに十年以上後見を爲したるとき但禁治産者の配偶者、直系血族及ひ戸主か後見人たるときは其任務か十年以上に及ふも辭任することを得す又未成年者の後見人は十年以上後見を爲すも辭任の事由とならさるなり

五　此他正當の事由あるとき正當の事由ありや否やに付き爭あるときを訴訟を提起して裁判所の判斷を受くるの外なし

第三　後見人の無資格

後見人の無資格とは法律上後見人となること能はさるものを謂ふ故に其無資格者を後見人に指定選定すること能はさるは勿論又法定後見人たる地位に在るときと雖も固より其後見人と爲ることを得るものに非らす而して後見人たることを得さる者を列記すれは左の如し(民、九〇八)

一　未成年者

二　禁治産者及ひ準禁治産者　禁治産者及ひ準禁治産者の意義は本章第一節第二に説明したり

三　剝奪公權者及ひ停止公權者

四　裁判所に於て免黜られたる法定代理人又は保佐人　例へは親權喪失の宣告を受けたる父母の如し
五　破産者　裁判所に於て破産の宣告を受けたる者を謂ふ
六　被後見人に對し訴訟を爲し又は曾て爲したる者及ひ其配偶者竝に直系血族
七　行方の知れさる者
八　裁判所に於て後見の任務に堪へさる事跡、不正の行爲又は著しき不行跡ありと認めたる者卽ち親族より此請求を爲し裁判所か之を認定したるときなり

第四　後見人の數

後見人の數は必す一人なることを要し一被後見人の爲めに二人以上の後見人を定むること能はさるものとす（民、九〇六）然れとも被後見人の財產の狀況例へは遠隔の地に財產か散在する如き場合に於て事實上一人にて之を管理すること能はさるときは親族會の同意を得て有給の管理人を使用することを得へく又後見人は復代理人を選任して個々の事務を代理せしむることを得るものとす（民、九二六、一〇六）

第五　後見人の職務

後見人の職務も亦親權と同しく被後見人の身上に關するものと其財產に關するものとの二個に區別することを得左に之を分說せん

一　被後見人の身上に關する職務

未成年者の後見人は其被後見人の監護及ひ敎育を爲すの權利を有し義務を負ふものにして被後見人は後見人の指定したる場所に其居所を定むることを要し必要なる範圍內に於て自ら被後見人を懲戒し又は裁判所の許可を得て之を懲戒場に入るゝことを得へく又其被後見人か兵役を出願し又は職業を營むには後見人の許可を受くることを要するものとす然れとも後見人か親權を行ふ父又は母の定めたる敎育方法及ひ居所を變更し、被後見人を懲戒場に入れ、營業を許可し、其許可を取消し又は之を制限するには親族會の同意を要するものとす（民、九二一）尙此點に付ては前章親權の效力に關する說明を看るへし

禁治產者の後見人は其禁治產者か未成年なるときは右に述へたると同一なる權利義務を有すと雖も尙後見人は禁治產者の資力に應して其療養看護を力むることを要し之か爲め禁治產者を瘋癲病院に入れ又は私宅に監置すると否とは親族會の同意を得て後見人之を定むへきものとす（民、九二二）蓋禁治產者は心神喪失の常況に在るものなるを以て後見人か其療

養看護を爲すことは極めて重要なる職務なりと謂ふへし
後見人は被後見人か未成年者なると禁治產者なるとを問はす其被後見人か戶主なるときは後見人は之に代はりて其權利を行ふものとす然れとも後見人か被後見人の家族を離籍し、其復籍を拒み又は家族か分家を爲し若くは廢絕家を再興することに同意するには親族會の同意を得ることを要するものとす又被後見人たる未成年者に子ありて其被後見人か親權者なるときは後見人は被後見人に代はりて其親權を行ふものとす(民、九三四)
以上に揭けたる被後見人の身上に關する後見人の職務は親權者か未成年者の身上に關する親權を有する場合に其適用なきものとす蓋親權を行ふ者か管理權を有せさる場合に於ては後見人を設くへきこと既に述へたる如しと雖も此場合に於ては其親權者は未成年の子の身上に關する親權を喪失することなきを以て其後見人の職務は被後見人の財產に關するもののみに限るの必要あること勿論なれはなり(民、九三五)

二　被後見人の財產に關する職務

後見人は親權者と同しく被後見人の財產を管理し又其財產に關する法律行爲に付き被後見人を代表するものとす故に被後見人たる未成年者又は禁治產者か全く意思能力なきときは

後見人か被後見人を代表して其財産上の行爲を爲すへく又被後見人か意思能力ありて自ら財産上の行爲を爲す場合に於ては後見人か之に其同意を與ふることを得るものにして若し未成年者又は禁治產者か專斷にて財產上の行爲を爲したるときは其行爲は後日に至り取消され全く無效に歸することを得るものとす(民、九一二)

後見人か被後見人に代はりて營業を爲し其他重大なる財產上の行爲を爲すに付ては母か親權を行ふ場合と同しく親族會の同意を得ることを要するものとす(民、九二九、九三一)

第三節　後見監督人

後見監督人も後見の一機關にして其名稱の如く後見人の職務を監督し以て後見人の職務執行に付き過誤不正の行爲なきことを注意するの責務を有するものとす

第一　後見監督人となる者

未成年者又は禁治產者に對し後見の開始したるときは前節に述へたる如く必す後見人を設くることを要すると同しく後見監督人を設くへきものにして後見監督人には指定に因るものと選定に因るものとの二種あり

一　指定後見監督人

後見人を指定することを得る者は遺言を以て後見監督人を指定することを得るものとす（民、九一〇）後見人を指定することを得る者とは前節に於て述へたる如く未成年者に對し最後に親權を行ふ者を謂ふを以て其親權者は後見人を指定すると同時に遺言を以て後見監督人を指定することを得へく又後見人を指定せすし後見監督人のみを指定することを得へし

又後見監督人の指定を爲すことを得る者は未成年者に對し最後に親權を行ふ者に限るを以て禁治產者の爲めに後見の開始したる場合には指定後見人なきこと勿論なりとす

二　選定後見監督人

右に述へたる指定後見監督人なき場合に於ては親族會に於て後見監督人を選定するものとす而して法定後見人又は指定後見人は其事務に着手する前親族會の招集を裁判所に請求し親族會に於て後見監督人を選定すへく又指定及ひ法定後見人なき爲め親族會に於て後見人を選定したるときは直に後見監督人を選定すへきものとす（民、九一一）

又後見人の更迭ありたるときは親族會は後見監督人を改選することを要するものとす但前

の後見監督人を相當とするときは之を再選するも差支なし又新後見人か指定又は法定後見人にして親族會の選定したるものに非さるときは其後見監督人は遲滯なく親族會を招集し後見監督人の改選を爲さしむることを要するものとす（民、九一三）

第二　後見監督人の辭任

後見監督人の辭任に付ては前節に於て說明したる後見人の辭任と全く同一にして特に說明を要するものなきを以て前節の說明を參照すへし（民、九一六、九〇七）

第三　後見監督人の無資格

後見人となることを得さる者は後見監督人ともなることを得さるものとす故に後見人の無資格として前節に揭けたる者は後見監督人に付ても無資格なるを以て其無資格者を後見監督人として指定し又は選定すること能はさるは勿論なり（民、九一六、九〇八）

後見監督人の無資格者は前節に說明したる後見人の無資格者と全く同一なるを以て更に說明を重ぬるの要なしと雖も尙後見監督人となることを得さる者あり卽ち後見人の配偶者、直系血族又は兄弟姉妹是なり是等の者は後見人と親密の關係あるものにして後見人を監督することは到底其適任にあらさるを以て後見人と斯る親密關係を有する者は其後見監督人となるこ

とを得さるものとす（民、九一四）

第四　後見監督人の職務

後見監督人の職務は左の如し（民、九一五）

一　後見人の事務を監督すること

二　後見人の缺けたる場合に於て遲滯なく其後任者の任務に就くことを促し若し後任者なきときは親族會を招集して其選任を爲さしむること

三　急迫の事情ある場合に於て必要なる處分を爲すこと

四　後見人又は其代表する者と被後見人との利益相反するの行爲に付き被後見人を代表すること

第四節　後見の屆出

第一　屆出の期間

後見人就職の屆出は後見人就職の日より十日內、後見人更迭の屆出は後任者就職の日より十日內、後見人の任務終了の屆出は終了の日より十日內に孰れも之を爲すへきものとす（戶、一

一四、一一五、一一七）

第二　屆出の管轄

後見に關する屆出は被後見人卽ち未成年者又は禁治産者の本籍地又は所在地の戸籍吏に之を爲すへきものとす（戸、一一八）

被後見人の本籍地の戸籍吏に後見の屆出を爲すへきときは屆書は一通にて足るも其所在地の戸籍吏に屆出を爲す場合に於ては屆書二通を要するものとす

第三　屆出義務者

後見人就職の屆出及ひ任務終了の屆出は後見人より之を爲し後見人更迭の屆出は後任の後見人より之を爲すへきものとす但後見人か死亡したる爲め其任務の終了したるときは後見監督人より任務終了屆を爲すへきものとす（戸、一一四、一一五、一一七）

第四　屆出の要件

一　後見の開始ありたる場合に於て後見人就職の屆出には左の諸件を具備することを要するものとす

（イ）　後見人の氏名、出生の年月日、職業、本籍地及ひ住所

（ロ） 被後見人の氏名、出生の年月日、職業及ひ本籍地
（ハ） 被後見人か家族なるときは戸主の氏名、職業及ひ本籍地
（ニ） 後見開始の原因及ひ年月日
（ホ） 後見人就職の年月日

後見人更迭の届出には右に掲けたる諸件の外前任者の氏名を具備することを要するものとす後見人か遺言を以て指定せられたる者なるときは届書に其指定に關する遺言の謄本を添ふることを要し後見人か親族會に於て選任せられたる者なるときは届書に其選任に關する證明書を添付することを要するものとす（戸、一一六）

二 後見人の任務終了届出には左の諸件を具備することを要す
（イ） 被後見人の氏名、出生の年月日、職業及ひ本籍地
（ロ） 就職の年月日
（ハ） 任務終了の原因及ひ年月日

任務終了の原因とは未成年者か成年に達し、禁治産者か其宣告を取消され、後見人又は被後見人か死亡したる場合等を謂ふ

尙屆出の方式に付ては第二章の說明及ひ左の書式を看るへし

第百十例

◉後見開始屆書式

其一　法定後見人より屆出を爲す場合

後見開始屆　（用紙半紙 屆書一通）

東京市日本橋區吳服町拾八番地
戶主油商善平甥平民無職業
被後見人　鈴木源吾
明治　年　月　日生

東京市日本橋區吳服町拾八番地
戶主平民油商
後見人　鈴木源之助
嘉永　年　月　日生

右源吾ニ對シ親權ヲ行フ者ナキニ因リ明治　年　月　日後見開始同日後見人ニ就職致候

間此段及御届候也

明治　年　月　日

鈴木源之助㊞

東京市日本橋區戸籍吏何　某殿

第百十一例

◉後見開始届書式

其二　夫か禁治產の宣告を受け妻より届出を爲す場合

後見開始届（用紙半紙　届書一通）

埼玉縣比企郡松山町參百拾貳番地

戸主平民農

被後見人　石引長太郎

明治　年　月　日生

後見人　長太郎妻　無職業　石引ふみ

明治　年　月　日生

右長太郎ニ對シ明治　年　月　日禁治産ノ宣告アリタルニ因リ同日後見開始同日後見人ニ就職致候間此段及御屆候也

明治　年　月　日

石引ふみ㊞

比企郡松山町戸籍吏何

某殿

第百十二例

◉後見開始屆書式

其三　遺言に因り後見人に指定せられたる者か屆出を爲す場合

後見開始屆　（用紙半紙屆書一通）

東京市淺草區諏訪町拾貳番地

戸主活版職

被後見人　長谷部喜太郎

明治　年　月　日生

東京市下谷區上根岸町拾番地

戸主平民牛乳販賣業

後見人　府　川　友　一

文久　年　月　日生

右喜太郎ニ對シ親權ヲ行フ者ナキニ因リ明治　年　月　日後見開始同月拾壹日遺言ニ依リ後見人ニ就職致候間別紙後見人指定ニ關スル遺言ノ謄本相添此段及御屆候也

明治　年　月　日

府　川　友　一㊞

東京市淺草區戸籍吏何　某殿

第百十三例

◉後見開始屆書式

其四　親族會に於て選定したる後見人より屆出を爲す場合

後見開始屆　(用紙半紙　屆書一通)

東京市麻布區簞笥町五番地

戸主平民無職業

被後見人　高野秀吉
明治　年　月　日生

東京市芝區松本町貳番地
戸主轆轤業八助長男平民無職
後見人　西村鐵造
明治　年　月　日生

右秀吉ニ對シ親權ヲ行フ母そめ財産管理權ヲ辭シタルニ因リ明治　年　月　日後見開始同月　日親族會ニ於テ後見人ニ選任セラレ同日就職致候間別紙選任ニ關スル證明書相添此段及御屆候也

明治　年　月　日

西村鐵造㊞

東京市麻布區戸籍吏何　某殿

第百十四例

◉後見人更迭屆書式

其一　法定後見人に更迭ありたる場合

後見人更迭屆（用紙半紙屆書一通）

東京市日本橋區吳服町拾八番地
戶主時計商定平從弟平民無職業
被後見人　鈴　木　源　吾
明治　年　月　日　生

前任後見人　鈴　木　源　之　助

東京市日本橋區吳服町拾八番地
戶主平民時計商
後任後見人　鈴　木　定　平
明治　年　月　日　生

右源吾ニ對シ親權ヲ行フ者ナキニ因リ明治　年　月　日後見開始候處明治　年　月　日前任者ト更迭就職候間此段及御屆候也

明治　年　月　日

東京市日本橋區戸籍吏何　某殿

鈴木定平㊞

第百十五例

◉後見人更迭屆書式

其二　親族會に於て後任者を選定したる場合

後見人更迭屆　（用紙半紙 屆書一通）

東京市麻布區簞笥町五番地

戸主平民無職業

被後見人　高野秀吉

明治　年　月　日生

前任後見人　西村鐵造

東京市本所區表町四拾八番地

戸主平民小間物商

後任後見人　淺見半七

明治　年　月　日生

右秀吉ニ對シ親權ヲ行フ母そめ財産管理權ヲ辭シタルニ因リ明治　年　月　日後見開始候處明治　年　月　日前任者ト更迭就職候間別紙親族會ノ選定ニ關スル證明書相添此段及御屆候也

明治　年　月　日

淺　見　半　七㊞

東京市麻布區戸籍吏何　某殿

第百十六例

◉後見人任務終了屆書式

其一　法定後見人たる戸主か隱居したる場合

後見人任務終了屆（用紙半紙屆書一通）

東京市日本橋區呉服町拾八番地

戸主時計商定平從弟平民無職業

被後見人　鈴　木　源　吾

東京市日本橋區吳服町拾八番地
明治　年　月　日生
戶主時計商定平父平民油商
後見人　鈴　木　源　之　助
嘉永　年　月　日生

右ハ明治　年　月　日後見人ニ就職候處後見人ハ明治　年　月　日隱居シタルヲ以テ任務終了致候條此段及御屆候也

明治　年　月　日

鈴　木　源　之　助㊞

東京市日本橋區戶籍吏何　某殿

（注　意）
被後見人か成年に達したる爲め後見人の任務終了の屆出を爲す場合も亦此例に準すへし

第百十七例

◉後見人任務終了屆書式

其二　後見人の死亡したる場合

後見人任務終了屆（用紙半紙 屆書一通）

東京市麻布區簞笥町五番地

主戶民平無職業

被後見人　高野秀吉

明治　年　月　日生

東京市芝區松本町貳番地

轆轤業

後見人　西村鐵造

右鐵造明治　年　月　日後見人ニ就職處候明治　年　月　日死亡シタルヲ以テ

任務終了致候條此段及御屆候也

明治　年　月　日

東京市四谷區愛住町八番地

戶主平民石工

後見監督人　跡部熊吉㊞
慶應　年　月　日生

東京市麻布區戸籍吏何　某殿

第十五章　親族會

第一節　親族會の意義

親族會は民法其他の法令に依り親族會の決議を要する事項に付き數人の會員か特定の人又家の爲めに其事項を議決する一の機關なり而して親族會は無能力者の爲めに設くるものと特別の場合に於て會議を要する事件の發生する每に設くるものとの二種あり無能力者の爲めに設くる親族會は其無能力の止むまて繼續するものなれとも特別の事件に付き設くる親族會は其事項を決議するに因りて消滅するものとす（民、九四九）

親族會を招集すへき場合は數多ありと雖も其内重なるものを列記すれは卽ち左の如し

第一　無能力者の爲めに設くる場合

未成年者又は禁治產者の爲めに後見人、後見監督人を選任し準禁治產者の爲めに保佐人を選任し後見人、後見監督人又は保佐人を免黜し特別代理人を選任し其他後見人、親權を行ふ母又は繼父母嫡母を監督し及ひ其意思を補充すへき場合の如き常に親族會の決議に因るへきものとす

第二　特別の事件に付き設くる場合

戸主か戸主權を行ふこと能はさるときは親族會に於て之を行ひ親權を行ふ繼父母又は嫡母か子の婚姻、離婚又は離緣に同意せさる場合に於て之に同意を與へ又繼父母嫡母か子の緣組に付き同意を與ふるに付き親族會の同意を要し法定又は指定の家督相續人なき場合に於ては親族會か家督相續人を選定し又法定の推定家督相續人廢除の訴を爲すに付き親族會の同意を必要とするか如き親族會の決議を必要とする重なる場合なりとす

第二節　親族會の組織

第一　親族會員の選定

親族會は會員三名以上を以て之を組織するものにして其會員となるには裁判所又は後見人を指定することを得る者の選定に因るものとす（民、九四五）

一　後見人を指定することを得る者の會員選定

後見人を指定することを得る者は同時に後見監督人を指定することを得ると同しく又親族會員を選定することを得るものとす而して此選定を爲すに付ては何等の制限なきを以て如何なる人を選むも亦一人又は數人を選むも隨意なり只三名以上の會員なきときは親族會を組織すること能はさるを以て選定したる會員か三名以下なるときは裁判所に於て其不足員數を補充せさるへからす

後見人を指定することを得る者とは既に前章に於て述へたる如く未成年者に對し最後に親權を行ふ者を謂ふ(民、九〇一)此者か親族會員を選定するには其遺言を以て之を爲すへきものなるを以て其指定は親權者の死亡後に效力を生し死亡以前に於ては親族會員となるものに非さるは勿論なり尙此點に付ては指定後見人の說明を參照すへし

二　裁判所の會員選定

裁判所に於ては親族其他本人又は其家に緣故ある者の中より親族會員を選定するものとす而して親族會員の選定は會議を要する事件の本人、戶主、親族、後見人、後見監督人、保佐人、檢事又は利害關係人より裁判所へ申請すへきものにして無能力者の爲めに設くへき

親族會に關する事件は其無能力者の住所地を管轄する區裁判所、家督相續人選定の爲めに開くへき親族會に關する事件は相續開始地の區裁判所又此等の以外の事件に付き開くへき親族會に關する事件は本人の住所地を管轄する區裁判所に於て取扱ふものなるを以て親族會員選定の申請も亦此裁判所へ爲すへきものとす

以上に述へたる方法に依り親族會員か選定せられたるときは會議を要する事項を決議すへきものなるを以て無能力者の爲めに設けられたる親族會の場合に於ては其事項を議了すると同時に親族會は解散し其會員も亦資格を消滅するものなれとも右に述へたる如く無能力者の爲めに設けたる親族會は其無能力の止むまて存續し一旦選定せられたる會員は其親族會の存續する間資格を繼續すへきものなるを以て其會員中死亡辭任等に因り缺員を生したるときは他の會員は其補缺員の選定を裁判所に請求することを要するものとす(民、九五〇)

第二　親族會員の辭任

親族會員に選定せられたる者は其者の意思如何に拘はらす當然親族會員たる資格を有するものにして特別の理由ある場合の外辭任することを許さるものとす然れとも左の場合に於ては其會員を辭することを得

一　遠隔の地に居住するとき

二　正當の事由あるとき

右の事由あるときは親族會員より區裁判所へ辭任の申請を爲すへきものにして裁判所に於て其理由ありとするときは辭任の許可を決定するものとす故に如何なる地に居住するを以て遠隔の地となし又如何なる事由を以て正當の事由ありと爲すへきやは一に區裁判所に於て之を決定するものとす（非訟、一〇〇）又辭任申請事項の管轄は右に述へたる選定の管轄と同し

第三　親族會員の無資格

親族會員を裁判所に於て選定すへき場合に於ては親族其他本人又は其家に緣故ある者の中より選定すへく又後見人を指定することを得る者は如何なる者を親族會員に選定するも隨意たること既に述へたる如しと雖も左に掲けたる者は全く親族會員たるの資格なきものなるを以て若し左の無資格者を選定するも其選定は無效なり

一　會議を要する事件の本人の後見人、後見監督人、保佐人

二　未成年者

三　禁治産者及ひ準禁治産者

四　剝奪公權者及ひ停止公權者
五　裁判所に於て免黜せられたる法定代理人又は保佐人
六　破產者
七　被後見人に對して訴訟を爲し又は曾て爲したる者及ひ其配偶者竝に直系血族
八　行方の知れさる者
九　裁判所に於て後見の任務に堪へさる事跡、不正の行爲又は著しき不行跡ありと認めたる者

以上に揭けたる者は絕對に親族會員たるの資格なきものなれは一旦有效に親族會員となるも其後に於て右に揭けたる一に該當するに至りたるときは其時より會員たる資格を失ふものとす故に其補缺を爲すの必要あること上述の如し。

第百十八例

◉親族會招集の申請書式

其一　後見人及ひ後見監督人選定の場合

親族會招集申請　（用紙美濃紙　甲請書一通）

東京市日本橋區本銀町參丁目拾番地
平民陶器商事件本人ノ伯父
申請人　横山佐兵衞
東京市芝區田町八丁目六拾七番地
戸主平民無職業
本人　會議ヲ要スル事件本人　横山欣造

申請ノ原因タル事實

右本人横山欣造ハ未成年戸主ナルヲ以テ實母とわニ於テ親權ヲ行ヒ居候處明治　年　月　日死亡シ法定代理人ナキニ至リタルニ依リ後見人及ヒ後見監督人選定ノ爲メ親族會ヲ要スル次第ニ有之候

申請ノ趣旨

右ノ次第ニ付本人欣造ノ後見人及ヒ後見監督人選定ノ爲メ親族會員御選定ノ上親族會ヲ本人宅ヘ御招集相成度此段申請候也

證據書類

一　戸籍謄本　壹通
一　親族會員指名書　壹通
一　上申書　壹通
以上
明治　年　月　日

右
申請人　横山佐兵衛㊞

東京區裁判所
判事　何　某殿

（別紙）

親族會員指名書

東京市下谷區稲荷町貳拾六番地
本人ノ兄　鈴木建吉
明治年月日生

東京市芝區田町八丁目六拾七番地
本人ノ姉　横山みつる
明治年月日生
東京市本郷區龍岡町參拾九番地
本人祖父（父ノ父）　水野恒右衛門
天保年月日生

申請人　横山佐兵衛㊞

右之通候也

（別紙）

上申書

本人　横山欣造
戸主　同人
後見人　無之
後見監督人　無之

本家戸主　横山佐兵衛
分家戸主　無之
保佐人　無之
家ニ在ル父母　無之
配偶者　無之
親族會ニ於テ意見ヲ述フルコトヲ得ル者右ノ通ニ有之候
明治　年　月　日
申請人　横山佐兵衛㊞

第百十九例

◉親族會招集の申請書式

其二　家督相續人選定の場合

親族會招集申請（用紙美濃紙 申請書一通）

東京市小石川區水道町四拾八番地
平民青物商

本人妻　申請人　藤川せん
同所
本人　亡　藤川幸藏

申請ノ原因タル事實

右本人幸藏ハ明治　年　月　日死亡候處法定竝ニ指定ノ家督相續人無之候ニ付親族會ニ於テ家督相續人ヲ選定スル爲メ本申請ヲ爲ス次第ナリ

申請ノ趣旨

右ノ次第ナルヲ以テ亡藤川幸藏ノ家督相續人選定ノ爲メ親族會員御選定ノ上申請人宅ニ招集相成度候也

證據書類

一　戸籍謄本　壹通
一　親族會員指名書　壹通
一　上申書　壹通

以上

明治　年　月　日

藤川せん㊞

東京區裁判所

判事　何　某殿

第百二十例

◉親族會補缺員選任申請書式

親族會補缺員選任申請（用紙美濃紙 申請書一通）

東京市下谷區稻荷町貳拾六番地

親族會員

申請人　鈴木建吉

東京市芝區田町八丁目六拾七番地

戸主平民無職東

會議ヲ要スル事件ノ本人　横山欣造

申請ノ原因タル事實

申請人鈴木建吉及ヒ横山みつる、水野恒右衛門ハ明治　年　月　日東京區裁判所ノ決定ニ依リ前記横山欣造ノ親族會ニ選定セラレ候處會員ノ壹人水野恒右衛門ハ明治　年　月　日死亡シ親族會員ニ缺員ヲ生シタルニ依リ其補缺ヲ求ムル爲メ本申請ヲ爲ス次第ナリ

申請ノ趣旨

右ノ次第ニ付横山欣造ノ親族會員水野恒右衛門ノ補缺トシテ横山佐兵衛ヲ御選定相成度此段申請候也

附屬書類

一　戸籍謄本
一　親族會員選定招集決定謄本
一　上申書(補缺員)

明治　年　月　日

鈴　木　建　吉㊞

東京區裁判所
判事　何　某殿

（別　紙）

上申書

東京市日本橋區本銀町參丁目拾番地
平民
本人ノ伯父（父ノ兄）　横山佐兵衛
安政年月日生

右補缺員トシテ上申候也
明治　年　月　日

第百二十一例

◉親族會員辭任申請書式

親族會員辭任申請（用紙美濃紙申請書一通）

東京市芝區田町八丁目六拾七番地
親族會員
申請人　横山みつる

前同所
本人　横　山　欣　造

申請ノ原因タル事實

申請人横山みつる、及ヒ鈴木建吉、水野恒右衞門ハ明治　年　月　日東京區裁判所ニ於テ前記横山欣造ノ親族會員ニ選定セラレ候處申請人ハ今回東京市四谷區左門町八番地會社員鶴見益雄ト婚姻ヲ爲スノ内約整ヒ婚姻ノ上ハ北海道石狩國幌内炭山事務所ヘ轉居ノ筈ニ有之親族會員タル任務ヲ全フスル能ハサルニ付辭任許可相受度本申請ヲ爲ス次第ナリ

申請ノ趣旨

右ノ次第ナルヲ以テ申請人横山みつるニ對シ横山欣造ノ親族會員タルコトヲ辭任スルコトヲ許可スト御決定相成度此段申請候也

附屬書類

一　親族會員招集決定謄本
一　證明書

明治　年　月　日

右

横山みつる㊞

東京區裁判所

判事何　某殿

第三節　親族會の招集

親族會は會議を要する事件の本人、戸主、親族、後見人、後見監督人、保佐人、檢事又は利害關係人の請求に因り區裁判所之を招集するものとす故に親族會員たる者か自ら隨意に集會するも之を親族會と稱すへからさるは勿論なり（民、九四四）

無能力者の爲めに設くる親族會は其無能力の原因の止むまて存續すること上述の如しと雖も最初其親族會を招集するには矢張り裁判所へ申請し裁判所に於て之を招集するものとす只第二回以後の親族會を招集すへき場合に於ては本人、其法定代理人、後見監督人、保佐人又は會員に於て之を招集するものとす玆に法定代理人と謂ふは親權を行ふ母又は後見人を指稱するなり（民、九四九）

親族會招集の場所に付ては何等の制限なきを以て裁判所に於て之を招集する場合なると其他の者か之を招集する場合なるとを問はす便宜の場所を選擇することを得るものとす

親族會か招集せられたるときは其會員は一定の場所に集合して必要なる事項を決議すへきものにして其決議の方法は會員の過半數を以て之を決すへきものなるを以て其會員か全部出席せさるも過半數の出席あるときは有效に開會することを得へきことは大審院の判例に於ても認むる所なり但親族會員は自ら其決議を爲すへき義務あるものなるを以て必す自ら出席することを要し代理人を差出すことを得さるものとす（民、九四七）

會議を要する事件の本人、戸主、家に在る父母、配偶者、竝に分家の戸主、後見人、後見監督人及ひ保佐人は親族會に出席して其意見を述ふることを得るものなるを以て親族會を招集したるときは其旨を是等の者に通知することを要するものとす（民、九四八）

第十六章　失踪

第一節　失踪の意義

失踪とは從來の住所又は居所を去りたる者か一定の期間内生死不明の場合に於て裁判所の宣

告すへきものにして失踪の宣告を受けたるときは法律上に於ては全く死亡したる者と同一に取扱はるゝものとす

第一　失踪の宣告

從來の住所又は居所を去りたる者の生死か七年間分明ならさるときは其者の債權者、債務者、保證人、戸主其他相續人等の利害關係人の利害に種々なる影響を及ほすこと勿論なるを以て法律は斯る場合に於ては其不在者の住所地を管轄する區裁判所は利害關係人の請求に因り失踪の宣告を爲すへきものとせり

戰地に臨みたる者、沈沒したる船舶中に在りたる者、其他死亡の原因たるへき危難に遭遇したる者の生死か其戰爭の止みたる後、船舶の沈沒したる後又は其他の危難の去りたる後三年間分明ならさるときに於ても亦右に述へたる如く利害關係人の請求に因り區裁判所に於て失踪の宣告を爲すへきものとす(民、三〇)

第二　失踪宣告の效力

失踪の宣告を受けたる者は右に述へたる期間の滿了したる時に於て死亡したるものと看做さるゝものとす(民、三一)故に失踪の宣告を受けたる者か戸主たるときは其家督相續人は其時

に於て家督相續を爲すへく又家族なるときは其遺產相續人は其時に於て遺產相續を爲すへく其他此宣告を受けたる者の配偶者は他の者と再婚を爲すことを得る等全く法律上に於て其者の死亡したると同一に取扱はるゝものとす

第三　失踪宣告の取消

失踪の宣告を受けたる者の生存すること分明し又は右に述へたる期間滿了の時と異なりたる時に死亡したることの證明あるときは裁判所は本人又は利害關係人の請求に因り右に揭けたる失踪の宣告を取消すへきものとす而して此取消ありたる場合に於ても失踪の宣告後其取消前に善意を以て爲したる行爲は毫も其效力を變せさるものとす故に例へは失踪の宣告を受けたる爲め其者の家督相續人か家督相續を爲し其他其者の配偶者か他の者と婚姻したる後に於て失踪者の生存すること分明するも其相續又は婚姻の效力に何等の變動を及ほすことなきか如し然れも失踪の宣告に因りて財產を得たる者は其取消に因りて權利を失ひ現存する財產は之を返還すへきものとす（民、三二）

第二十二例

◉失踪宣告申請書式

其一　不在者の生死か七年以上の不明の場合

失踪宣告申請（用紙美濃紙 申請書一通）

東京市牛込區東五軒町參拾四番地

戸主亡喜平長男

本人　梓澤文五郎

同所亡喜平次男印刻師

申立人（本人弟）　梓澤勉

右文五郎ハ梓澤家ノ推定家督相續人ニ有之候處同人ハ明治　年　月　日無斷家出シテ歸來セサルニ付キ當時種々搜索シタルモ手掛リ無之一向所在不明ナルヲ以テ止ムナク明治　年　月　日失踪ヲ屆出テ爾來專ラ其行衞搜索中戸主喜平ハ明治　年　月　日死亡セシニ付キ長男タル文五郎ハ其死亡跡ヲ相續スヘキ者ナルニ前書ノ通失踪セシ以來本年既ニ滿十有餘年ヲ經タル今日ニ至ルモ復歸セサル而已ナラス生死ノ程モ殆ント不明ニ有之候然ルニ梓澤家ハ戸主ノ死亡ト同時ニ全ク主宰者ヲ失ヒ其家族ハ如何トモスル能ハス依テ此際梓澤家ノ戸主ヲ定ムル爲メニモ文五郎ニ對シ失踪宣告ノ裁判ヲ得ルノ必要有之ニ付茲ニ之カ失踪ノ宣告ヲ申請

シタル次第ニ有之候

申請ノ趣旨

右ノ次第ナルヲ以テ梓澤文五郎ニ對シ失踪ノ宣告相成度候也

證據方法

一　親族有泉彌作、岡村重吉の證明書

附屬書類

一　戸籍謄本

一　證明書

明治　年　月　日

申立人　梓　澤　勉㊞

東京區裁判所

判事　何　某殿

第百二十三例

◉失踪宣告申請書式

其二　不在者の生死か三年以上の不明の場合

失踪宣告申立（用紙美濃紙 申請書一通）

東京市淺草區三好町七番地
戸主平民
本人　西川德三郎
同所裁縫業
申立人（本人妻）　西川はな

申請ノ原因タル事實

申立人夫前記西川德三郎ハ右本籍地居住ノ際明治　年　月　日敷島丸ニ投乘シ北米ニ向ヒ候處　年　月　日該船カ途中ニテ難破致其儘行方不明ト相成候ニ付キ爾來百方捜索ニ捜索ヲ重ネ候得共其生死相知レス又一回ノ音信タモ無之シテ既ニ滿三年餘ヲ經過シ其生死共ニ分明ナラス候ニ付キ止ムヲ得ス本申請ヲ爲ス次第ニ有之候

申請ノ趣旨

右ノ次第ナルヲ以テ西川德三郎ニ對シテ失踪ノ御宣告相成度此段申請候也

證據ノ方法

一　戸籍謄本

一　親族の證明

附屬書類

一　戸籍謄本

一　證明書

明治　年　月　日

申立人　西川はな㊞

東京區裁判所

判事　何　某殿

第二節　失踪の届出

第一　届出の管轄

失踪に關する届出は届出人の本籍地又は所在地の戸籍吏に之を爲すことを要するものとす

只本籍地に届出を爲す場合に於て失踪者か届出人と同一戸籍吏の管轄内に本籍を有するときは届書は一通を以て足るも其本籍か同一ならさるときは届書二通を要す又所在地に届出を爲す場合に於ては右本籍地の異同に因り二通又は三通の届書を必要とす

第二　届出の期間

失踪の宣告ありたるときは其宣告を請求したる者は裁判確定の日より十日内に其届出を爲し失踪宣告の取消ありたるときは其取消を請求したる者は裁判確定の日より一个年内に其登記の取消を申請することを要するものとす(戸、一二四)

第三　届出の要件

失踪宣告の届出には左の諸件を具備することを要するものとす(戸、一二三)

一　失踪者の氏名、出生の年月日、業及ひ本籍地

二　失踪の宣告ありたる年月日

三　失踪者か家族なるときは戸主の氏名、族稱及ひ戸主と失踪者との續柄

尚失踪宣告の裁判の謄本を添附することを要するなり

又失踪の宣告取消の場合に於て其登記の取消を請求するには取消の裁判の謄本を添附するこ

とを要するものとす
又届出の方式に付ては第二章通則の説明及ひ左の書式を看るへし
第百二十四例
◉失踪届書式
其一　民法施行後法定期間の滿了したる場合
失　踪　届　（用紙半紙／届書一通）
東京市牛込區横寺町貳拾參番地
戸籍無職業
失踪者　新　井　運　平
明治貳年拾月九生
右運平明治參拾四年九月拾日以來七年間生死分明ナラサルヲ以テ明治四拾壹年九月拾日其期間滿了明治四拾貳年八月四日失踪宣告同月何日確定候間別紙裁判ノ謄本相添此段及御屆候也
明治四拾貳年八月拾貳日
東京市牛込區横寺町貳拾參番地

宣告請求者　新井勘助㊞
生年月日

東京市牛込區戶籍吏何某殿

第百二十五例

◉失踪屆書式

其二　民法施行前に法定期間の滿了したる場合

失踪屆（用紙半紙 屆書一通）

奈良縣式下郡川西村六拾八番地
戶主平民喜藏二女
失踪者　大野いか
明治拾九年貳月八日生

右いか明治貳拾壹年八月拾參日以來七年間生死分明ナラサルヲ以テ明治貳拾八年八月拾參日死亡したる者とし明治參拾參年八月貳拾四日失踪宣告同月何日其裁判確定候條別紙裁判ノ謄本相添此段御屆候也

明治　年　月　日

宣告請求者戸主　大　野　喜　藏㊞

式下郡川西村戸籍吏何　某殿

第百二十六例

◉失踪登記取消申請書式

失踪登記取消申請

東京市牛込區肴町拾貳番地

戸主無職業

失踪者　松　田　春　吉

明治元年九月四日生

右ニ對スル失踪明治年　月　日長男兵吉ヨリ屆出候處本月　日失踪宣告取消ノ裁判確定候ニ付キ前記屆出ニ基ク失踪登記ヲ御取消相成度別紙裁判ノ謄本相添此段及申請候也

明治　年　月　日

東京市四谷區坂町拾八番地

戸主士族官吏

取消請求者　右春吉弟　久　米　武　雄㊞

生年月日

東京市牛込區戸籍吏何　某殿

第十七章　死　亡

第一節　死亡の效果

人は出生に因り私權を享有し法律上種々なる權利義務の主體となり死亡に因りて其權利義務の主格を喪失するものにして人の死亡は其身分又は財産に關し法律上種々なる效果を生するものとす其重なるものを列擧すれは左の如し

第一　身分上に及ほす效果

死亡したる者か戸主なるときは其死亡と同時に家督相續か開始し其家督相續人は代つて戸主となり又死亡したる者か家族なるときは其遺産相續か開始して遺産相續人か其遺産を相續するものとす

又其者か親權を行ふ父なるときは死亡と同時に親權は母に移り親權を行ふ母か死亡したるときは其死亡と同時に後見か開始することは既に述へたるか如し又死亡したる者に配偶者あるときは死亡と同時に其間の婚姻は消滅するを以て夫の死亡後三百日を經過して生れたる子は其夫の子に非さるものとの推定を受け又配偶者の一方の死亡したる後に於ては他の一方は自由に再婚を爲すことを得るものとす但女は前夫の死亡後六个月を經過したる後に非されは再婚を爲すこと能はさるは既に婚姻に付き述へたる所なり

其他人の死亡か他人の身分に影響を及ぼすこと極めて多しと雖し詳細は各章の說明に讓り玆には之を詳說せす

第二　財產上に及ぼす效果

人は死亡に因り財產上の權利を失ひ又義務を免るゝものなれとも之か爲め他人の權利義務に影響を及ぼすこと甚た多し例へは死亡したる者か戶主なるときは其家督相續人は前戶主の有せし一切の權利義務を承繼し又死亡したる者か家族なるときは其遺產相續人は死亡したる家族の權利義務を承繼するか如し然れとも他人の繼承すること能はさる權利義務は其死亡と同時に消滅すること勿論なり其他財產上に關する種々なる效果は本書の範圍に屬せさるを以て

總て之を省略せり

第二節　死亡の屆出

第一　屆出期間

死亡者ありたるときは屆出義務者は其死亡を知りたる日より五日內に其屆出を爲すことを要するものとす（戶、一二五）

第二　屆出の管轄

死亡屆出は死亡地又は死亡者の本籍地若くは寄留地の戶籍吏に之を爲すへきものとす死亡者の本籍地に屆出を爲す場合には屆書は一通にて足るも寄留地又は死亡地に屆出を爲すへき場合に於て其地か死亡者の本籍地外なるときは屆書は二通を要するものとす

汽車又は航海日誌を備へさる船舶中にて死亡したる者ありたるときは其汽車又は船舶の到達地を以て死亡地と看做さるるにより其地の戶籍吏に死亡の屆出を爲すことを得るものとす（戶、一二八、七〇）

第三　屆出義務者

左に掲けたる者は其順序に從ひ死亡の屆出を爲す義務を負ふものとす(戸、一二六)

一　戸主　卽ち家族の死亡したる場合なり

二　同居者　同居者數人あるときは其中の一人より屆出を爲すを以て足る

三　家主、地主又は土地若くは家屋の管理人　是等の者か數人あるときは其中の一人より屆出を爲すを以て足る

病院、監獄其他公設所に於て死亡者ありたる場合に於て右に掲けたる者より屆出を爲すこと能はさるときは病院、監獄又は其他の公設所の長若くは管理人より死亡の屆出を爲すことを要するものとす(戸、一二八、七四)

第四　屆出の要件

死亡屆出には左の諸件を具備することを要するものとす(戸、一二五)

一　死亡者の氏名、出生の年月日男女の別及本籍地

二　死亡の年月日時及ひ場所

三　死亡者か家族なるときは戸主の氏名、族稱及ひ戸主と死亡者との續柄

尙此屆出には醫師の診斷書若くは檢案書又は警察官の檢視調書の謄本を添附することを要す

ることを要するものとす

尚届出の方式に付ては第二章通則の説明及ひ左の書式を看るへし

第百二十七例

◉死亡届書式

其一　戸主の死亡したる場合

死　亡　届（用紙半紙／届書一通）

東京市京橋區具足町貳番地

戸主

小　巻　精　四　郎

安政　年　月　日生

死亡ノ時　明治　年　月　日午后　時

死亡ノ場所　東京市京橋區具足町貳番地

右死亡候間醫師ノ診斷書相添此段及御届候也

明治　年　月　日

同居者平民藥種商

届出人　右精四郎長男　小　卷　廣　吉㊞

明治年月日生

東京市京橋區戸籍吏何　某殿

第百二十八例

◉死亡届書式

其二　家族の死亡したる場合

死　亡　届（用紙半紙届書一通）

兵庫縣赤穗郡天野村八拾番地

戸主平民農岸藏姉

大　島　か　の

萬延年月日生

死亡ノ時　明治　年　月　日午后　時

死亡ノ場所　兵庫縣赤穗郡天野村八拾番地

右死亡候間醫師ノ診斷書相添此段及御屆候也
明治　年　月　日
届出人　戸主　大　島　岸　藏㊞
生年月日
赤穗郡天野村戸籍吏何　某殿

第百二十九例

◉死亡屆書式

其三　寄留地に於て屆出を爲す場合

死　亡　屆（用紙半紙屆書二通）

千葉縣山武縣日向村四番地戸主
寄留地東京市神田區和泉町七拾四番地
男　八　未　貞　吉
弘化年月日生

死亡ノ時　明治　年　月　日午前　時

死亡ノ場所　東京市神田區和泉町七拾四番地

右死亡候間醫師ノ診斷書相添此段及御屆候也

明治　年　月　日

同居者平民無職業

屆出人妻　八　木　と　ら㊞

生年月日

東京市神田區戸籍吏何　某殿

第百三十例

◉死亡屆書式

其四　本籍不明者の死亡屆を爲す場合

死　亡　屆（用紙半紙屆書一通）

本籍不明

男　望　月　輝

推定年齢六十五歳

死亡ノ時　明治　年　月　日
死亡ノ場所　群馬縣山田郡川西村八番地
右死亡候間醫師ノ診斷書相添此段及御屆候也
明治　年　月　日

群馬縣山田郡川西村拾七番地
戸主平民左官職
屆出人　家屋管理人　中川　源兵衛㊞
生年月屆

山田郡川西村戸籍吏何　某殿

第十八章　家督相續

第一節　家督相續の開始

家督相續とは家督相續人をして戸主たる身分を承繼せしめ其結果として前戸主の有せし一切の權利義務にして其一身に專屬せさるものを承繼せしむるものなり故に家督相續は戸主の

變更を要件とし戸主か其身分を喪失する場合に非されは開始するものに非らす之に反して次章に述ふる遺產相續は家族の死亡したる場合に限り開始するものなるを以て家督相續と遺產相續とは重大なる區別あることを知らさる可からす

家督相續は左の場合に限り開始するものとす(民、九六四)

第一　戸主の死亡、隱居又は國籍喪失

戸主か死亡し又は隱居したるときは其家に戸主を失ふことは前既に述へたる如し又戸主は必す日本人たることを要するを以て若し戸主か外國へ歸化し日本の國籍を喪ひたるときは之と同時に戸主たる身分を失ふを以て是等の場合に於ては其家督相續か開始し相續人か代つて其家の戸主となるものとす

第二　戸主か婚姻又は養子緣組の取消に因り其家を去りたるとき

婚姻又は養子緣組に因りて他家に入りたる者か其家の戸主となり後其婚姻又は養子緣組に缺點ありたる爲め裁判所に於て其婚姻又は緣組を取消したるときは其者は實家に復籍すへきこと既に婚姻又は緣組の取消に付き說明したる所なり故に此場合に於ては其婚家又は養家は戸主を喪失するの結果を生するを以て當然家督相續か開始し其家督相續人か代つて戸

主となるものとす

第三　女戸主の入夫婚姻又は入夫の離婚

女戸主か入夫婚姻を爲したるときは其入夫は戸主となり女戸主たる身分を喪失するものなるを以て其女戸主の家督相續か開始し入夫か其相續を爲すものとす然れとも女戸主か入夫婚姻を爲したる場合に於て特別の契約に因り女戸主か依然戸主たる地位に在り入夫か戸主とならさるときは家督相續の開始することなきは勿論なり又入夫か戸主となりたる後離婚したるときは其入夫は實家に復籍するものなるを以て此場合に於ても其家に戸主を失ふに至り家督相續人か代つて戸主となるへきは勿論なり但入夫か離婚したる爲め家督相續か開始するも他に相續人あるときは其女戸主か再ひ戸主となるものに非さること後に述ふる如し

第二節　家督相續人の要件

家督相續人となるには次に掲くる要件を具備せさる可からす

第一　相續開始の當時生存すること

家督相續人たるには其家督相續の開始したる當時に於て生存することを要するは勿論なり只胎兒は家督相續に付き既に生れたる者と看做すを以て（民、九六八）家督相續開始の當時未た出生せさるも懷胎せられたるときは既に生れたるものとして其家督相續人となるものとす但其胎兒か死體にて生れたるときは全然相續人となること能はさるは勿論なり

第二　法律上の缺格者ならさること

法律上の缺格者とは絶對に其家の家督相續人となるの資格なき者を謂ふ卽ち左の如し（民、九六九）

一　故意に被相續人又は家督相續に付き先順位に在る者を死に致し又は死に致さんとしたる爲め刑に處せられたる者

故に過失に因り又は單に毆打する意思に因り被相續人又は相續の先順位者を死に致し又は死に致さんとしたる爲め處刑を受くるも法律上の缺格者となることなし

二　被相續人の殺害せられたることを知りて之を告發又は告訴せさりし者但其者に是非の辨別なきとき又は殺害者か自己の配偶者若くは直系血族なりしときは此限に在らす

三　詐欺又は强迫に因り被相續人か相續に關する遺言を爲し、之を取消し又は之を變更す

ることを妨けたる者

四　詐欺又は强迫に因り被相續人をして相續に關する遺言を爲さしめ、之を取消さしめ又は之を變更せしめたる者

五　相續に關する被相續人の遺言書を僞造、變造、毀滅又は藏匿したる者

以上に揭けたる者は法律上當然家督相續人となるの權利なきものなるを以て特に裁判所の判定を俟つの要なく又被相續人か右の行爲を宥恕すると否とに論なく當然其者は家督相續人となること能はさるものとす

第四　裁判上の失權なきこと

裁判上家督相續人たる地位より廢除せられたる者は固より其家督を相續するの權利なきものとす裁判上の失權に付ては次節に至りて說明すへし（家督相續人廢除の部參照）

第五　日本の國籍を有すること

日本の國籍を有する者に非されは戶主となること能はさるは前節に於て說明したる如し戶主となること能はさる者は當然家督相續人となること能はさるは勿論なりとす（戶、一七〇）

第三節　家督相續人の順位

家督相續人には直系卑屬、指定家督相續人、特別選定家督相續人、直系尊屬及ひ選定家督相續人の五種あり是等の家督相續人は左の順位に依り家督相續人となるものとす

第一　直系卑屬

被相續人の直系卑屬は左の順位に從ひ家督相續人と爲るものとす（民、九七〇）而して此順位に依り最先の地位に在る者を法定の推定家督相續人と稱するなり

一　親等の異なりたる者の間に於ては其近き者を先にす

故に例へは被相續人に子と孫とあるときは子は孫に先立ちて家督相續人となるものとす子は一等親にして孫は二等親なること第一章中の圖解に掲けたる如し

二　親等の同しき者の間に於ては男を先にす

故に數人の子あるときは男子は女子に先立ちて家督相續人となるへく男女の年齢の如何は之を問はさるものとす被相續人に子なくして孫か數名あるときと雖も此例に依るへし

三　親等の同しき男又は女の間に在りては嫡出子を先にす

故に被相續人に嫡出子と庶子と私生子あるときは其嫡出子は庶子又は私生子に先立ちて家督相續人となるものとす然れとも此規定は親等の同一なる男と男との間又は女と女との間に於ては嫡出子を先にすとの意味なるを以て親等の同一なる男と女との間には適用なきものとす從て庶子たる兄又は弟は嫡出子たる妹又は姉に先立ちて家督相續人となるものとす(前二項參照)

四　親等の同しき嫡出子、庶子及ひ私生子の間に在りては嫡出子及ひ庶子は女と雖も之を私生子より先にす

故に嫡出子と庶子との間に於ては前項に述へたる如く嫡出子たる女は庶子たる男に勝つこと能はすと雖も嫡出子又は庶子たる女は私生子たる男に先立ちて家督相續人となるものとす

五　前四項に掲けたる事項に付き相同しき者の間に在りては年長者を先にす

故に被相續人に數名の子と孫とあるときは年長者たる子か相續人となり親等の同しき數名の男と女とあるときは年長の男か相續人となり親等の同しき數名の男又は女あるときは年長の嫡出子か相續人となり親等の同しき嫡出子、庶子たる數名の女と私生子とある

ときは年長の嫡出子又は庶子たる女か其家督相續人となるものとす
父母か婚姻を爲したる爲め庶子か嫡出子たる身分を取得し父母か婚姻中私生子を認知したる爲め嫡出子たる身分を取得し又は養子縁組に因り嫡出子たる身分を取得したる者は家督相續に付ては其嫡出子たる身分を取得したる時に生れたるものと看做さるゝを以て此時に出生したるものとして年齢を計算し以て年長者なるや否やを定むることを要するものとす
被相續人の直系卑屬は前節に述へたる要件を具備するときに限り以上に掲けたる順序に依り家督相續人となるものとす然れとも尙左の例外あり

例外一　入夫婚姻の場合

女戸主か入夫婚姻を爲したるときは其入夫か家督を相續して戸主となるを以て其女戸主に直系卑屬あるも其家督を相續すること能はさるものとす（民、九七一）

例外二　親族入籍に依り家族と爲りたる直系卑屬の場合

他家に在る自己の直系卑屬を其家族と爲したる場合に於ては其直系卑屬は其家に嫡出子又は庶子たる他の直系卑屬なき場合に限り家督相續人となるものにして其嫡出子又は庶

子たる他の直系卑屬ある場合に於ては家督相續人と爲ること能はさるものとす（民、九七二）

例外三　法定の推定家督相續人の姉妹の爲めに男子を養子としたる場合

此場合に於ては養子と爲りたる男子は法定の推定家督相續人の權利を害すること能はさるものとす（民、九七三）

例外四　法定の推定家督相續人か相續開始前に死亡し又は其相續權を失ひたる場合

此場合に於て其法定の推定家督相續人に直系卑屬あるときは其直系卑屬は其者と同一の順位に於て家督相續人となるものとす例へは甲の法定の推定家督相續人乙か甲の生前に死亡し又は前節に述へたる要件を缺くに至りたる爲め相續權を失ひたる場合に於て乙に丙なる子（甲の孫に當る）ときは丙は乙の順位を代表して其家督相續人となり他に甲の子（乙の兄弟）あるも其者は家督相續人となること能はさるか如し

第二　指定家督相續人

被相續人の直系卑屬は法律上當然第一順位に於て其家督相續人たる地位に在るものにして數人の直系卑屬ある場合に於ける相續の順位は右第一に揭けたる所なり然るに被相續人に直系

卑屬なき場合に於ては法律上當然家督相續人なきものなるを以て被相續人は自己の欲する家督相續人を指定することを得るものとす指定家督相續人とは卽ち此謂に外ならさるなり

一　家督相續人指定の性質

家督相續人の指定は死亡又は隱居に因る家督相續の場合に於て被相續人か自己の家督相續人を定むる單獨行爲なり單獨行爲とは一人の意思表示のみに因りて法律上其效力を生し他人の意思表示と合致することを要せさるものを謂ふなり家督相續人の指定は單獨行爲なるを以て一旦被相續人か其指定を爲したるときは之に因り指定は其效力を生し被指定者の承諾あると否とに拘はらす被指定者は其家督相續人たる身分を取得するものとす故に其被指定者か家督相續を爲すことを欲せさるときは家督相續か開始したる場合に於て其相續を抛棄するの外なきなり相續の抛棄に關しては後に至りて說明すへし

家督相續人の指定は被相續人に於て何時にても之を取消すことを得るのみならす法定の推定家督相續人あるに至りたるときは當然其效力を失ふものとす（民、九七九）

二　家督相續人指定の要件

家督相續人の指定は左の要件を具備することを必要とす

（イ）死亡又は隱居に因る家督相續なることを要す
故に戸主は國籍を失ひ、婚姻又は養子緣組の取消に因り其家を去り其他入夫婚姻若くは入夫離婚に因り家督相續の開始する場合には被相續人は家督相續人の指定を爲すこと能はさるものとす（民、九七九ノ二）
（ロ）被相續人の家に入ることを得る者なることを要す
家督相續人の指定は相續開始の場合に於て其家の戸主と爲るへきものなるを以て其家に入ること能はさる者を指定すること能はさるは勿論なり故に他家の戸主、他家の法定の推定家督相締人、他家の家族又は日本の國籍を有せさる者を指定するも其指定は當然有效となるものに非らす但他家の戸主か廢家を爲し得るとき、他家の法定の推定家督相續人か指定者の分家なるとき、他家の家族か指定者の家に入ることに付き其戸主の同意を得たるときは指定は有效なり
（ハ）屆出を爲すことを要す
家督相續人の指定は被相續人か生前に於て之を爲し又遺言を以て之を爲すことを得れとも指定か其效力を生するには戸籍吏に對し其屆出を爲すことを要するものとす（民、九八

○、九八一)尚届出に付ては後節に至りて述ふへし

第三　特別選定家督相續人

以上第一第二に述へたる法定又は指定の家督相續人なきときは第三順位として特定の者か其家督相續人を選定することを得るものとす(民、九八二)

一　家督相續人を選定すへき者

法定又は指定の家督相續人なき場合に於て其家に被相續人の父あるときは父、父あらさるとき又は父か其意思を表示すること能はさるときは母、父母共にあらさるとき又は其意思を表示すること能はさるときは親族會に於て其家督相續人を選定するものとす

二　家督相續人に選定せらるへき者

右に掲けたる選定權あるものか家督相續人を選定するには左の順序に從ひ被相續人の家族中より一人を選擇することを要す

(イ)　被相續人の配偶者但家女なるとき

(ロ)　被相續人の兄弟

(ハ)　被相續人の姉妹

（ニ）　右（イ）に該當せさる被相續人の配偶者
（ホ）　被相續人の兄弟姉妹の直系卑屬
右（ロ）（ハ）（ホ）の場合に於て同一順位の者數名あるときは選定權者は隨意に其中の一人を選定することを得るものとす又右（イ）より（ホ）に至る順序は濫りに之を變更すること能はさるは勿論なれとも正當の事由あるときは區裁判所の許可を得て其順序を變更し又は全然其選定を爲さゝることを得るものとす（民、九八三）
家督相續人選定に關し裁判所の許可を必要とする場合に於ては相續開始地即ち被相續人の住所地を管轄する區裁判所へ其許可申請を爲すへきものとす（非訟、九四、民、九六五）

第百三十一例

◉家督相續人不選定の許可申請書式

家督相續人不選定許可申請　（用紙美濃紙申請書一通）

東京市深川區福住町八番地
戸主平氏
被相續人　古山銀之助

右同所同人母
申請人　古山かつ

申請ノ原因タル事實

前記古山銀之助ハ明治　年　月　日死亡致候處法定ノ推定家督相續人無之ニ付申請人タル母たつニ於テ家督相續人ヲ選定致スヘクノ處家督相續人ニ選定スヘキ銀之助ノ妹たまハ他ヘ婚姻ノ約整ヒ候ニ付家督相續ニ選定候テハ他日婚家ヘ入籍ニ差支候間同人ヲ選定セス申請人タル母ニ於テ家督相續致度候條本申請ヲ爲ス所以ニ有之候

申請ノ趣旨

右ノ次第ナルヲ以テ亡古山銀之助ノ家督相續人ニ妹たまヲ選定セサルコトノ許可相成度此段申請仕候也

附屬書類

一　戸籍謄本
一　證明書

明治　年　月　日

古山かつ㊞

東京區裁判所

判事　何　某殿

第四　直系尊屬

法定又は指定の家督相續人及ひ特別選定家督相續人なき場合に於ては第四順位として其家に在る被相續人の直系尊屬中親等の最も近き者か其家督相續人となるものとす故に例へは被相續人の父と祖父とあるとき親等の近き父か相續人となるか如し但親等の同しき者の間に在りては男は女に先立ちて家督相續人となるを以て被相續人の父母あるときは父、祖父母あるときは祖父か其相續人となるものとす然れとも被相續人の母と祖父とある場合に於ては母か祖父に先立ちて其家督相續人と爲ること上述の如し

第五　選定家督相續人

以上に述へたる法定又は指定の家督相續人なく又特別選定の家督相續人及ひ家督相續人となるへき直系尊屬なきときは第五順位の相續人として親族會は左に掲くる者の中より家督相續人を選定すへきものとす(民、九八五)

一　被相續人の親族、家族、分家の戶主又は本家若くは分家の家族中より適當なる者
二　右に揭けたる者の中に家督相續人たるへき者なきときは他人にして適當なる者
右一に揭けたる者の中家督相續人たるへき者ありたるときは親族會は其者を家督相續人に選定すへく直ちに他人を選定すること能はすと雖も正當の事由ある場合に限り親族會は裁判所の許可を得て直ちに他人を選定することを得るものとす而して此許可は被相續人の住所地の區裁判所へ申請すへきものなり(非訟、九四、民、九六五)

第四節　家督相續人指定及ひ其取消の屆出

第一　屆出の管轄
家督相續人の指定及ひ其取消は戶籍吏に對し其屆出を爲すに因り初めて效力を生するものなること前章第二に述へたる如し而して其屆出は指定者の本籍地又は所在地の戶籍吏に之を爲すことを要するものにして本籍地に屆出を爲す場合に於ては屆書は一通にて足るも所在地に屆出を爲す場合には屆書二通を必要とす

第二　屆出期間

家督相續人の指定又は其取消は屆出に因り初めて成立するなるを以て其屆出に付き期間の定なきこと勿論なりと雖も其指定後法定の推定家督相續人あるに至りたる爲め指定か效力を失ひたるときは指定者か其事實を知りたる日より一个月内に指定か效力を失ひたることを屆出つることを要するものとす(戸、一四五)

第三　屆出義務者

家督相續人を指定したる者は自ら其屆出を爲すへきものなること言を俟たす然れとも被相續人か遺言を以て家督相續人の指定を爲し又は其指定取消の意思を表示したるときは遺言か效力を生したる後即ち被相續人の死亡したる後遺言執行者より戸籍吏に其屆出を爲すことを要するものとす(民、九八一)

家督相續人指定の取消の屆出を爲す者は同時に家督相續人指定の登記取消を申請することを要するものとす(戸、一四三)

第四　屆出の要件

家督相續人指定の屆書には左の諸件を記載することを要す(戸、一四〇、一四一)

一　指定家督相續人たるへき者の氏名、族稱、出生の年月日、職業及ひ本籍地

二　法定の推定家督相續人なきこと
三　遺言執行者より屆出を爲す場合に於ては被相續人の死亡の年月日
右三の場合に於ては屆書に其指定に關する遺言書の謄本を添付することを必要とす
家督相續人推定取消の屆書には左の諸件を具備することを要す(戸、一四二)
一　指定家督相續人の氏名、族稱、出生の年月日、職業及ひ本籍地
二　指定の年月日
三　遺言執行者より屆出を爲す場合には被相續人の死亡の年月日
右三の場合に於ては屆書に其指定取消に關する遺言書の謄本を添付することを要するものとす(戸、一四四)
家督相續人指定の取消の屆出を爲す場合に於ては之と同時に家督相續人指定の登記の取消を申請すへきものなるを以て屆書に其申請の趣旨を併記するを便とす
尚屆出の方式に關しては第二章の説明及ひ下に揭くる屆書式を參照すへし

第百三十二例

◉家督相續人指定屆書式

其一　家族を指定する場合

家督相續人指定屆（用紙半紙屆書一通）

東京市芝區三島町拾六番地
戸主平民丈作弟屋根職
指定家督相續人　安藤桂次郎
生年月日

右ハ法定ノ推定家督相續人ナキニ付キ家督相續人ニ指定候間此段及御屆候也

明治　年　月　日

被相續人　安藤由之助㊞
生年月日

東京市芝區戸籍吏何　某殿

第百三十三例

◉家督相續人指定屆書式

其二　他家の者を指定する場合

家督相續人指定屆（用紙半紙 屆書一通）

東京市淺草區高原町拾番地
戶主瀨平二男平民土方職
指定家督相續人　府川倉之助
生年月日

東京市牛込區榎町八番地
戶主平民鹽商
被相續人　比留間三吉㊞
生年月日

右ハ法定ノ推定家督相續人ナキニ付キ家督相續人ニ指定候間此段及御屆候也

明治　年　月　日

東京市牛込區戶籍吏何　某殿

第百三十四例

◉家督相續人指定屆書式

其三　遺言に因り指定屆を爲す場合

家督相續人指定屆（用紙半紙屆書一通）

茨城縣筑波郡久賀村貳番地
戶主皆吉孫平民農
指定家督相續人　秋田由之助
生年月日

茨城縣猿島郡長田村拾五番地
戶主
明治　年　月　日死亡　被相續人　大木源之進

右源之進法定ノ推定家督相續人ナキニ付キ遺言ヲ以テ前記由之助ヲ家督相續人ニ指定候條遺言ノ謄本相添此段及御屆候也

茨城縣筑波郡豊榮村五番地
戶主平民農
遺言執行者　古市永藏㊞
生年月日

猿島郡長田村戸籍吏何　某殿

第百三十五例

(雛)家督相續人指定取消屆書式

家督相續人指定取消屆竝指定登記取消申請（用紙半紙 屆書一通）

東京市淺草區高原町拾番地

戸主瀨平二男平民土方職

指定家督相續人　府川倉之助

生年月日

右ハ明治　年　月　日家督相續人ニ指定候處右指定ハ取消候間此段及御屆候也

追テ本文ノ通ニ付キ前記屆出ニ因ル家督相續人指定ノ登記ヲ御取消相成度併セテ申請候也

明治　年　月　日

東京市牛込區榎町八番地

戸主平民鹽商

被相續人　比留間三吉㊞

東京市淺草區戸籍吏何　某殿

生年月日

第百三十六例

◉家督相續人の指定か效力を失ひたる場合の屆書式

家督相續人指定登記取消申請（用紙半紙屆書一通）

東京市小石川區仲町拾參番地

戸主平民指物職

指定家督相續人　河　尻　德　助

生年月日

右ハ明治　年　月　日家督相續人ニ指定候處今般法定推定家督相續人アルニ至リタルヲ以テ右指定ハ其效力ヲ失ヒタルニ依リ其登記ヲ御取消相成度別紙證明書相添此段申請候也

明治　年　月　日

被相續人　河　尻　道　介㊞

生年月日

東京市小石川區戶籍吏何　某殿

第百三十七例

◉遺言に因り家督相續人の指定を取消したる場合の屆書式

家督相續人指定取消屆竝指定登記取消申請（用紙半紙屆書一通）

埼玉縣北足立郡浦和町四拾五番地

戶主久吉弟平民酒商

指定家督相續人　石　塚　秀　松

生年月日

明治　年　月　日死亡　被相續人　忠　四　郎

右忠四郎明治　年　月　日前記秀松ヲ家督相續人ニ指定及御屆候處遺言ヲ以テ右指定ヲ取消候間遺言ノ謄本相添此段及御屆候也

追テ前記屆出ニ依ル家督相續人指定登記ヲ御取消相成度併セテ申請候也

明治　年　月　日

埼玉縣北足立郡浦和町參拾番地

戸主三吉長男平民鑄物職
遺言執行者　永田勘兵衛㊞
生年月日
北足立郡浦和町戸籍吏何　某殿

第五節　法定の推定家督相續人廢除及ひ其取消

第一　廢除

第三節に掲けたる法定の推定家督相續人は被相續人の意思如何に拘はらす當然其家督相續人たる身分を有するものにして何人と雖も濫りに其身分を剝奪することを得るものに非らす然れとも法律は被相續人か自己の家督を相續せしむることを欲せさるへき相當の理由あるときは其法定の推定家督相續人を廢除することを得るものとせり而し廢除せられたる相續人は全く其家督を相續するの權利を失ふを以て其次位に在る者か代つて法定の推定家督相續人となるは勿論なり例へは戸主の長男か廢除せられたるときは次男か法定の推定家督相續人となるか如し

法定の推定家督相續人に付き左の事由あるときは被相續人は其推定家督相續人の廢除を裁判所に請求することを得るものとす（民、九七五）

一　被相續人に對して虐待を爲し又は之に重大なる侮辱を加へたるとき
二　疾病其他身體又は精神の狀況に因り家政を執るに堪へさるとき
三　家名に汚辱を及ほすへき罪に因りて刑に處せられたるとき
四　浪費者として準禁治產の宣告を受け改悛の望なきとき
五　此他正當の事由ある場合に於て親族會か廢除に同意したるとき

右の事由ある場合に限り被相續人は自己の推定家督相續人を廢除することを得るものにして被相續人か生前に於て之を爲すことを得るは勿論遺言を以て其廢除の意思表示を爲すことを得るものとす而して此場合に於ては其廢除は被相續人の死亡の時に遡りて其効力を生し相續人は其家督相續を爲すこと能はさるものとす（民、九七六）

第二　廢除の取消

法定の推定家督相續人は右に述へたる規定に依り廢除せられたるときは其相續權を失ふこと勿論なれとも廢除の原因か止みたるときは被相續人又は推定の家督相續人より廢除の取消を

裁判所に請求することを得るものとす但被相續人に對して虐待を爲し又は之に重大なる侮辱を加へたることを理由として廢除せられたる場合に於ては被相續人に限り何時にても廢除の取消を請求することを得るものとす(民、九七七)

廢除の取消は家督相續の開始したる後に於ては其請求を爲すことを得すと雖も被相續人は遺言を以て其廢除取消の意思を表示することを得るものにして此場合に於ては其廢除の取消は被相續人の死亡の時に遡りて其效力を生するものとす(民、九七七ノ三、四)

第三　廢除及ひ其取消の方法

法定の推定家督相續人廢除及ひ其取消の請求は裁判所に訴を提記して之を爲すへきものにして廢除の訴は被相續人より其相續人を相手方とし被相續人の住所地を管轄する地方裁判所へ起すへく又廢除取消の訴は廢除に因りて推定家督相續人と爲りたる者を相手方として被相續人又は廢除せられたる相續人より之を右の地方裁判所へ起すへきものとす(人訴、三三、三四)此訴の提起ありたるときは地方裁判所は各當事者の申立を聽き一切の證據に依り其請求の當否を判斷し其申立を相當とするときは判決を以て廢除又は其取消の言渡を爲すへきものとす

第六節　法定の推定家督相續人廢除及ひ其取消の屆出

被相續人か法定の推定家督相續人廢除の訴を提起し又被相續人又は推定家督相續人より其廢除取消の訴を提起し裁判所に於て廢除又は其取消の判決を爲したるときは其旨を戸籍吏に屆出つることを要するものとす

第一　屆出の管轄

法定推定家督相續人廢除の屆出及ひ廢除取消に依る登記取消の申請は被相續人の本籍地又は所在地の戸籍吏に之を爲すへきものとす只本籍地に之を爲す場合には屆書は一通にて足るも所在地に爲す場合には屆書二通を必要とす

第二　屆出期間

推定家督相續人廢除の裁判か確定したるときは其裁判確定の日より十日内に被相續人又は遺言執行者より其屆出を爲すことを要し又廢除取消の裁判か確定したるときは其取消を請求したる者は裁判確定の日より一个月内に登記の取消を申請することを要するものとす（戸、一一三

七乃至一三九）

第三　届出の要件

法定の推定家督相續人廢除の届出には左の諸件を具備することを要す（戸、一三七）

一　廢除せられたる者の名、出生の年月日及ひ職業

二　廢除の原因

三　廢除の裁判か確定したる年月日

此届出を爲すには廢除の裁判の謄本を添付すへきものとす又遺言執行者より此届出を爲す場合に於ては届書に被相續人の死亡の年月日を記載することを要するなり（戸、一三八）

廢除取消の裁判か確定したる場合に於て其登記の取消を申請するには裁判の謄本を添付すへきものとす（戸、一三九）

尙届出の方式に付ては第二章の說明及ひ下に掲くる書式を參照すへし

第百三十八例

◉家督相續人廢除届書式

其一　被相續人より届出を爲す場合

推定家督相續人廢除屆（用紙半紙　屆書一通）

東京市本所區三笠町參拾九番地
戸主平民宮師仲藏長男無職業
推定家督相續人　島　村　時　藏
生年月日

右時藏被相續人ヲ虐待シタルニ因リ廢除ノ裁判明治　年　月　日確定ニ付別紙裁判ノ謄本相添此段及御屆候也

明治　年　月　日

被相續人　島　村　仲　藏㊞
生年月日

東京市本所區戸籍吏何　某殿

第百三十九例

◉家督相續人廢除屆書式

其二　遺言執行者より屆出を爲す場合

推定家督相續人廢除届（用紙半紙同届書一通）

埼玉縣入間郡所澤町拾壹番地

戸主

被相續人　管沼長八

明治　年　月　日死亡

長八長男石版業

推定家督相續人　辰平

生年月日

右辰平家名ニ汚辱ヲ及ホスヘキ罪ニ依リ刑ニ處セラレタル爲メ廢除ノ裁判明治　年　月日確定候間別紙裁判ノ謄本相添此段及御届候也

明治　年　月　日

埼玉縣入間郡所澤町拾四番地

戸主平民荒物商

遺言執行者　辰平叔父　須田兵吉㊞

生年月日

入間郡所澤町戸籍吏何　某殿

第百四十例

◉家督相續人廢除取消の場合に於ける申請書式

推定家督相續人廢除登記取消申請（用紙半紙 屆書一通）

東京市本所區三笠町拾九番地
戸主平民宮師仲藏長男無職業
島　村　時　藏

右ニ對シ明治　年　月　日推定家督相續人廢除及御屆候處明治　年　月　日廢除取消ノ裁判確定候ニ付前記屆出ニ因ル廢除登記ヲ御取消相成度裁判ノ謄本相添此段申請候也

明治　年　月　日

被相續人　島　村　仲　藏㊞
生年月日

東京市本所區戸籍吏何　某殿

第七節　家督相續の效力

家督相續か第一節に掲けたる原因に因りて開始し家督相續人か其相續を爲したるときは身分上及ひ財產上に關し種々なる效力を生するものとす之を左に略述せん

第一　身分上に及ほす效力

家督相續の身分上に及ほす效力は戶主の變換卽ち舊戶主は戶主たる身分を失ひ家督相續人か代つて其身分を承繼することとなり其結果として

一　舊戶主か其家に在るときは一の家族と爲り新戶主の戶主權に服す例へは父か隱居を爲し長男か其家督を相續したるときは爾來父は長男の戶主權に服し父か居住を定め、婚姻を爲し又は養子緣組を爲すには戶主たる長男の同意を得るの必要を生するか如し（民、七四九、七五〇）

二　新戶主か女子たるときは入夫を迎へて更に入夫に戶主權を讓ることを得（民、七三六）

三　新戶主か養子なるときは其家督相續と同時に離緣を爲すこと能はさるものとす（民、八七四）

其他新戸主は其家族に對し一切の戸主權を行ふことを得るに至ることは各章に於て説明する如くなるを以て特に之を掲けす

第二　財產上に及ほす效力

家督相續人は相續開始の時より前戸主の有せし總ての權利義務を承繼し前戸主は其權利義務を喪失するものとす而して財產か負債より尠なき場合なると否とを問はす其負債は新戸主に於て之を承繼するものとす

然れとも左の例外あり

一　前戸主の一身に專屬する權利義務

前戸權の一身に專屬する權利義務とは例へは恩給年金の如き權利又は繪を畫き演劇を爲すの義務の如き其權利者又は義務者の一身を目的とするものは新戸主に於て承繼することを能はさるものとす故に斯る權利義務は前戸主か死亡したるときは當然消滅するも隱居其他の場合に於て戸主權を失ふも其權利を失ひ義務を免るゝこと能はさるなり

二　前戸主の留保したる財產

隱居者又は入夫婚姻を爲す女戸主は家督相續に因り其戸主權を失ふと同時に其財產を留保

し新戸主に讓與せさることを得るものとす故に隱居者又は入夫婚姻を爲したる者の留保したる財產は新戸主に於て之を承繼すること能はさるは勿論なり但財產留保に付ては左の要件を具備せさるへからす

（イ） 確定日附ある證書を以て之を爲すこと

確定日附とは公證人又は登記所に於て日附印を押捺したる私署證書又は一切の公正證書を謂ふものとす（民施、四以下）

（ロ） 家督相續人の遺留分を害せさること

遺留分とは家督相續人か必す承繼することを得る財產の部分を謂ふものにしての家督相續人たる直系卑屬は遺留分として被相續人の財產の半額を受け此他の家督相續人は遺留分として被相續人の財產の三分の一を受くるものとす（民、一一三〇）

三 家督相續人か限定承認を爲したる場合

限定承認とは後に述ふる如く家督相續人か相續を爲すことを承認するも被相續人の負債は財產のある範圍に限定して之を承繼することを謂ふなり故に家督相續の限定承認を爲し戸主と爲りたる場合に於ては前戸主の負債中財產を以て辨濟し得るものの外其相續人に於て

承繼せさるものとす

家督相續の財産上に及ほす效力に付ては其他説明を要するもの多々あれとも財産關係は本書の目的に非さるを以て只大様を説明するに止めたり

第八節　家督相續の屆出

第一　屆出の管轄

家督相續の屆出は被相續人の本籍地の戸籍吏に之を爲すことを要するものとす而して其屆書は一通を以て足るも他家に在る者か相續を爲す場合に於て其相續人か被相續人と本籍を同ふせさるときは屆書は二通を必要とす

第二　屆出期間

家督相續の屆出は家督相續に因り戸主と爲りたる者か其事實を知りたる日より一个月内に之を爲すことを要す若し其家督相續人か外國に在る場合に於ては三个月内に屆書を發送するを以て足る(戸、一三二)

家督相續回復の裁判か確定したるときは裁判確定の日より一ヶ月内に其屆出を爲すことを要

するものとす(戸、一三四)

家督相續人か胎兒なるときは其母か相續の開始ありたることを知りたる日より一个月内に其屆出を爲し其胎兒か死體にて生れたるときは母は出產の日より一个月内に家督相續登記の申請を爲すことを要し若し母か此登記取消の申請を爲ささるときは次順位の家督相續人は其事實を知りたる日より一个月内に登記の取消を申請することを要するものとす(戸、一三五、一三六)

第三　屆出義務者

家督相續に關する屆出義務者は左の如し

一　普通の場合に於ては家督相續に因り戸主と爲りたる者

二　家督相續回復の裁判確定したるときは其相續を回復したる者

三　胎兒か家督相續人なるときは其母

四　胎兒か家督相續人となり其屆出を爲したる後其胎兒か死體にて出れたる爲め前の屆出に因る登記取消の申請を爲す場合に於ては其母又は家督相續人

第四　屆出の要件

普通の家督相續屆出には左の諸件を具備することを要す（戶、一三三）

一　家督相續の原因及ひ戶主と爲りたる年月日

二　前戶主の名及ひ前戶主と家督相續人との續柄

家督相續人か胎兒なるときは左の諸件を具備し醫師の診斷書を添へて家督相續の屆出を爲すことを爲す（戶、一三五）

一　相續開始の年月日

二　家督相續人か胎兒なること

三　前戶主の名及ひ前戶主と家督相續人との續柄

又胎兒か死體にて生れたる場合に於て家督相續登記の取消を申請するには醫師又は出產に立會ひたる產婆の檢案書を提出することを要するものとす（戶、一三六）

尙屆出の方式に付ては第二章の說明及ひ下に揭くる屆書式を參照すへし

第百四十一例

㊎家督相續屆書式

其一　普通の場合

家督相續屆　（用紙半紙／屆書一通）

東京市神田區橋本町九番地

戶主平民祭文讀

前戶主八助長男　中野留吉

生年月日

明治　年　月　日前戶主八助死亡ニ因リ家督相續戶主トナル

右家督相續及御屆候也

明治　年　月　日　中野留吉㊞

東京市神田區戶籍吏何　某殿

（注　意）

戶主か失踪の宣告を受けたる場合も此例に準すへし

第百四十二例

◉家督相續屆書式

其二　隱居に因る家督相續の場合

家督相續屆（用紙半紙 屆書一通）

東京市麹町區飯田町六丁目
貳拾參番地戸主士族官吏
前戸主政之進長男　清　水　良　誠
生年月日

明治　年　月　日前戸主政之進隱居ニ因リ家督相續戸主トナル

右家督相續及御屆候也

明治　年　月　日

清　水　良　誠㊞

東京市麹町區戸籍吏何　某殿

第百四十三例

㊂家督相續屆書式

其三　入夫婚姻に因る家督相續の場合

家督相續屆（用紙半紙 屆書一通）

東京市芝區宇田川町八番地
戸主平民魚商前
戸主はつ入夫　松本文次
明治　年　月　日生

明治　年　月　日前戸主入夫婚姻ニ因リ家督相續戸主トナル

右家督相續及御屆候也

明治　年　月　日

届出人　松本文次㊞

東京市芝區戸籍吏何　某殿

第百四十四例

◉家督相續屆書式

其四　戸内の選定又は指定相續人か相續したる場合

家督相續屆（用紙半紙屆書二通）

千葉縣海上郡銚子町貳百拾六番地

戸主平民漁業
前戸主彌作弟　佐倉常吉
明治拾九年八月拾日生
明治　年　月　日前戸主彌作死亡選定（又ハ指定）ニ因リ家督相續戸主トナル
右家督相續及御屆候也
明治　年　月　日
佐倉常吉㊞
海上郡銚子町戸籍吏何　某殿

第百四十五例
◉家督相續屆書式
其五　他家に在る選定又は指定相續人か相續したる場合
家督相續屆（用紙半紙屆書二通）
東京市深川區一色町五拾四番地
戸主平民陶器商

前戸主友吉甥　石橋重一

生年月日

父三浦音松母ゆき二男東京市神田區美土代町八番地戸主平民清助弟明治　年　月　日

前戸主友吉死亡撰定(又ハ指定)ニ因リ家督相續戸主ト爲ル

右家督相續及御届候也

明治　年　月　日

石橋重一㊞

東京市深川區戸籍吏何　某殿

第百四十六例

◉家督相續屆書式

其六　妻ある者か他家の相續を爲す場合

家屆相續督　(用紙半紙 屆書一通)

東京市牛込區岩戸町拾五番地

戸主平民菓物商

前戸主磯八叔父　木村與吉
生年月日

（父木村省三母とよ二男東京市日本橋區芳町七番地戸主平民木村操弟戸主磯八死亡撰定（又ハ指定）ニ依リ家督相續戸主ト爲ル

父荒川二郎
母ふゆ　長女

夫ニ從ヒ其家ニ入ル與吉妻　かん
生年月日

右家督相續及御屆候也

明治　年　月　日

木村與吉㊞

東京市牛込區戸籍吏何　某殿

第百四十七例

◉家督相續屆書式

其七　廢家者か他家の相續を爲す場合

家督相續屆（用紙半紙 屆書一通）

長野縣更科郡御厨村四拾八番地
戸主平民農
前戸主鎌吉弟　奈良左右太
生年月日

父小暮萬三郎母きく三男長野縣上高井郡須坂町六番地廢家元戸主鎌吉死亡撰定（又ハ指定）ニ因リ家督相續戸主ト爲ル

父 吉田平松
母 みや 長女

夫ニ從ヒ其家ニ入ル左右太妻　ゑつ
生年月日

父ニ從ヒ其家ニ入ル長男　廣吉
生年月日

右家督相續及御屆候也

明治　年　月　日

奈良左右太㊞

更科郡御厨村戸籍吏何某殿

第百四十八例

◉家督相續届書式

其八　家督相續人か胎兒なる場合

家督相續開始届（用紙半紙 届書一通）

群馬縣佐位郡赤堀村拾七番地

前戸主杉山正藏

家督相續人　胎兒

明治　年　月　日前戸主正藏死亡ニ因リ相續開始

右家督相續開始及御届候也

明治　年　月　日

群馬縣佐位郡赤堀村拾七番地

平民農

届出人　母　杉山よね
生年月日

佐位郡赤堀村戸籍吏何某殿

第百四十九例

◉家督相續登記取消申請書式

其一　家督相續回復の場合

家督相續屆竝相續登記取消申請（用紙半紙届書一通）

大阪市南區横堀四丁目百六拾九番地

戸主平民洋物商

前戸主順三孫　田中元次郎
明治年月生

明治　年　月　日前戸主順三死亡ニ因リ家督相續戸主ト爲ル

右家督相續回復ノ裁判明治　年　月　日確定候ニ付キ裁判ノ謄本相添此段及御屆候也

追テ本文ノ通ニ付明治　年　月　日前戸主順三二男田中富八ノ届出ニ因ル家督相續登

記ハ御取消相成度併セテ申請候也

明治　年　月　日

相續權回復者　田　中　元　次　郎㊞

大阪市南區戶籍吏何　某殿

第百五十例

◉家督相續登記取消申請

其二　胎兒か死體にて分娩したる場合

家督相續登記取消申請

群馬縣佐位郡赤堀村拾七番地

前戶主杉山正藏

胎　兒

右明治　年　月　日家督相續開始及御屆致處明治　年　月　日死體ニテ分娩致候ニ付前記屆出ニ依ル家督相續登記ヲ御取消相成度醫師ノ檢案書相添此段申請候也

明治　年　月　日

群馬縣佐依郡赤堀村拾七番地
平民農
屆出人　母　杉　山　よ　ね㊞
年月日生

佐依郡赤堀村戸籍吏何　某殿

第十九章　遺產相續

第一節　遺產相續の開始

遺產相續は家族の死亡したる場合に於て遺產相續人をして其者の財產に屬せし一切の權利義務を承繼せしむるものなり故に遺產相續は家族の死亡に因りて開始し其他の場合に於て遺產相續の開始することなきなり家督相續は前章に於て說明したる如く戸主の變更を直接の目的とし其結果として前戸主の有せし財產上の權利義務か相續人に移轉するものなれとも之に反して遺產相續は戸主たる身分に何等の關係なく單に家族の權利義務を承繼せしむるに過きさるを以て其家族か死亡したる場合に限り遺產相續の開始すへきこと勿論なり之れ遺產相續に付ては隱居

入夫婚姻等の開始原因を認めさる所以なり

遺産相續は家族の死亡したる場合に限り開始すへきこと上述の如しと雖も其家族か權利又は義務の双方を有する場合に限るものに非らす死亡したる家族か何等の債務を負はすして單に財産のみを所有する場合は勿論其家族か何等の財産を所有せすして負債のみを有する場合に於ても遺産相續は開始し其相續人に於て負債を承繼するものとす但遺産相續人か限定承認を爲したるときは財産の存する限度に於てのみ被相續人の債務を承繼すへきこと勿論なり限定承認に付ては家督相續に付ても一言したる所なれとも尚詳細は次章に至りて説明すへし

遺産相續は家族の死亡したる場合に限り開始するものなることは右の如くなるも元來遺産相續は財産上の權利義務の承繼を目的とするものなるを以て死亡したる家族に何等の財産なく又何等の債務なき場合に於ては遺産相續の開始すへき謂れなきは勿論なりとす(民、九九二)

第二節　遺産相續人

第一　遺産相續人の要件

遺産相續人たるには左の要件を具備することを要するものとす

一　相續開始の當時存在すること

遺産相續開始の當時既に死亡したる者又は未た生れさる者は其相續人となること能はさるものとす然れとも胎兒は既に生れたるものと看做さるゝこと家督相續の場合に於て說明したると同一なり（民、九九三、九六八）

二　法律上の缺格者ならさること

遺産相續にも法律上の缺格者あり卽ち左の如し（民、九九七）

（イ）　故意に被相續人又は遺産相續に付き先順位若くは同順位に在る者を死に致し又は死に致さんとしたる爲め刑に處せられたる者

（ロ）　前章第二節第二の一乃至五に揭けたる者

右の缺格者は如何なる場合に於ても遺産相續人たることを得さるものにして被相續人又は先順位若しくは同順位の相續人の同意ある場合と雖も其資格を回復することなきものとす

三　裁判上の失權なきこと

裁判上遺産相續人廢除の判決を受けたる者は遺産相續人と爲ること能はさるなり但其廢除か取消されたるときは其資格を回復すること勿論なり尙廢除の原因は次に述ふへし

第二　遺産相續人の順位

遺産相續人と爲る者及ひ其順位は左の如し

一　直系卑屬

遺産相續の場合に於ても被相續人の直系卑屬は第一に其相續人と爲るものとす（民、九九四）

（イ）　親等の異なりたる者の間に於ては其近き者を先にす

（ロ）　親等の同しき者は同順位に於て遺産相續人と爲る

之れ家督相續の場合と異なる重要の點なり戸主は一人に限るを以て家督相續人も亦一人に限ること勿論なれとも遺産相續人は單に權利義務を承繼するものなるを以て之を一人に限るの必要なし故に同一親等の者數人あるとき例へは被相續人の子か數人ある如き場合に於ても其數人は同時に遺産相續人と爲り被相續人の權利義務を平分して相續するものとす但親等の異なりたる者數人あるときは其近き者を先にすること右（イ）に掲けたる如し

右（イ）（ロ）に掲けたる順位に依り遺産相續人となるへき者か遺産相續の開始前に死亡し又

は其相續權を失ひたる場合に於て其者に直系卑屬あるときは其直系卑屬は右(イ)(ロ)に掲けたる順序に依り同一順位に於て遺產相續人と爲るものとす(民、九九五)例へは甲なる家族に長男、次男、長女、次女の四子あり其長男か乙、丙の二子(甲の孫に當る)を遺して死亡したる後に至り右甲か死亡し遺產相續か開始したる場合には右乙丙の二子は長男に代つて相續人となるを以て次男、長女、次女の外乙丙二子の五名か其遺產相續人と爲るか如し但し其相續分に付ては多少の差異あること後に述ふへし

二　直系卑屬なき場合

被相續人に直系卑屬なきときは左の順位に依り遺產相續人を定むるものとす(民、九九六)

(イ)　配偶者

(ロ)　直系尊屬

直系尊屬か數人ある場合に於て其親等か異なるときは其近き者を先にし親等の同しき者の間に於ては其數人か同順位に於て遺產相續人と爲る

(ハ)　戶　主

遺產相續人は右に揭けたる者に限り家督相續の場合の如く指定又は選定相續人なる者なきを

以て兄弟姉妹甥姪等の如き者は其戸主に非さる以上は遺產相續人と爲ること能はさるものとす然れとも右一、二に掲けたる遺產相續人は被相續人と家を同ふすことを要せさるなり例へは他家に嫁したる直系卑屬と雖も遺產相續人と爲ることを得るか如し

第三　遺產相續人の廢除及ひ其取消

遺留分を有する右推定遺產相續人か被相續人に對して虐待を爲し又は之に重大なる侮辱を加へたるときは被相續人は其推定遺產相續人の廢除を裁判所に請求することを得るものとす而して此原因あるときは其遺產相續人廢除の遺言を爲すことを得るは家督相續人廢除の場合と同一なりとす(民、九九八、一〇〇〇)

戸主か遺產相續人たる場合に於ては戸主は遺留分を有せさるを以て被相續人は其戸主を廢除することと能はされとも家族は其死亡前一切の財產を他人に讓與することを得るを以て戸主たる遺產相續人を廢除したると同一の結果を生せしむることを得へし

遺產相續人の廢除は何時にても被相續人より其取消を裁判所に請求することを得るものとす以上に述へたる遺產相續人の廢除及ひ其取消の方法に付ては家督相續人の廢除に付き前章に述へたると全然同一なるを以て同章の説明を參照すへし

第三節　遺產相續の效力

遺產相續は財產上の權利義務の承繼を目的とすること前節に於て述へたる如くなるを以て財產上の權利義務を有する家族か死亡し遺產相續か開始したるときは相續人は被相續人の有せし財產上の一切の權利義務を承繼するの效力を生するものとす然れとも被相續人の一身に專屬する權利及ひ義務は遺產相續の目的中に包含せさるを以て是等の權利義務は相續人に於て承繼すること能はさるは既に家督相續の效力として前章中に說明したる所なり

遺產相續人は必しも一人に限らさるを以て同一被相續人の爲めに數人か同時に遺產相續人となることあり例へは被相續人か數名の子を有するときの如し斯る場合に於ては其相續財產は遺產相續人數名の共有に屬し各共同相續人は其相續分に應して被相續人の權利義務を承繼するものとす(民、一〇〇二、一〇〇三)

而して共同相續人の相續分は各自相均しきことを原則とするを以て例へは被相續人か十萬圓の財產と五萬圓の負債を殘して死亡したる場合に於て長男、次男、長女及ひ次女の四人の子あるときは其子は同一順位に於て遺產相續人となり其相續分は相均しきを以て各自の相

續すへきものは財産二萬五千圓と負債一萬二千五百圓となるか如し
然れとも各共同相續人の相續分は相均しきものなりとの原則に對しては左の特例あり
遺産相續人たる直系卑屬數人あるときは庶子及ひ私生子の相續分は嫡出子の二分の一とす（民、一〇〇四）故に右の例に於て長男は嫡出子、次男は庶子、長女は私生子なりとし各自の相續分を計算すれは長男は相續財産の四分の二、次男と長女は各其四分の一となるを以て長男は五萬圓の財産と二萬五千圓の負債を承繼し次男と次女は二萬五千圓の財産と一萬二千五百圓の負債を承繼することゝなるへし要するに嫡出子は庶子又は私生子の二倍を承繼するものとす

（特例第二）

次に遺産相續人たる直系卑屬か遺産相續の開始前に死亡し又は相續權を失ひたる場合に於て其相續人に直系卑屬あるときは其直系卑屬は相續人と同順位に於て遺産相續人となること既に述へたる所なり此場合に於て實際相續を爲すへき直系卑屬の相續分は其直系尊屬の受くへかりしものに同しきものにして若し其直系卑屬か數人あるときは其各自の直系尊屬の受くへかりし部分に付き右特例第一に述へたる法則に依り其相續分を定むへきものとす（民、一〇〇六）故に例へは右の例の場合に於て嫡出子たる長男か相續開始前に死亡し其者に嫡出子たる二人の子あ

り又庶子たる次男か遺産相續人廢除の判決を受け其相續權を失ひたるも其次男に一人の嫡出子と二人の庶子とあり此五人の直系卑屬と私生子たる長女との六人に於て共同して遺産相續を為すものと假定すれは其各自の相續分は左の如くなるへし（特例第二）

相續財產　財產十萬圓、　負債五萬圓　相續人六名

被相續人の長男（嫡出子）の子嫡出子二人

被相續人の次男（庶子）の子嫡出子一人、　庶子二人

被相續人の長女（私生子）

此算式を擧くれは

（相續財產 ÷ $\frac{2}{4}$ ）÷ $\frac{1}{2}$ ＝ 長男の子（嫡出子）一名の相續分

（相續財產 ÷ $\frac{1}{4}$ ）÷ $\frac{2}{4}$ ＝ 次男の子（嫡出子）一名の相續分

（相續財產 ÷ $\frac{1}{4}$ ）÷ $\frac{1}{4}$ ＝ 次男の子（庶子）一名の相續分

相續財產 ÷ $\frac{1}{4}$ ＝ 長女（私生子）の相續分

故に

長男の子(嫡出子)二名の相續分は各財產二萬五千圓、負債一萬二千五百圓宛
次男の子嫡出子一名の相續分は財產一萬二千五百圓、負債六千二百五十圓
次男の子庶子二名の相續分は財產六千二百五十圓、負債三千百二十五圓宛
長女私生子の相續分は財產二萬五千圓、負債一萬二千五百圓
となるへし

以上に掲けたる相續分の規定に拘はらす被相續人は遺言を以て共同相續人の相續分を定め又其相續分を定むることを第三者に委託することを得るものとす(民、一〇〇六)故に被相續人か此遺言を爲したるときは其遺言に因り各自の相續分を定むへく又被相續人か共同相續人中の一人又は數人の相續分のみを定め又は第三者をして之を定めしめたるときは他の共同相續人の相續分は右に掲けたる法則に從ひ之を定むへきものとす(特例第二)

遺產相續に關しては尙詳細なる說明を要するもの極めて多しと雖も到底之を本書の內に收むること能はさるを以て其大略を說述するに止めたり故に右に洩れたる分に付ては他の書籍を參照すへきなり

第二十章　相續の承認及ひ拋棄

家督相續人又は遺產相續人は自己の爲めに相續の開始ありたることを知りたる時より三个月內に單純若くは限定承認又は拋棄を爲すことを要するものとす但法定の推定家督相續人たる直系卑屬は相續の拋棄を爲すこと能はされとも限定承認を爲し得ることは下に述ふへし（民、一〇一七乃至一〇二〇）又一旦相續の承認又は拋棄を爲したるときは其後に至りて之を取消すことを得さるものとす（民、一〇二二）

第一節　單純承認

第一　單純承認の意義

相續の單純承認とは相續人か無限に被相續人の權利義務を承繼して其相續を爲すことの承認を謂ふものとす故に相續人か相續の單純承認を爲したるときは被相續人の財產の有無及ひ多少に拘はらす其權利義務を全部無條件にて承繼するものとす（民、一〇二三）

第二　單純承認と看做さるる場合

相續人か特に相續の承認又は拋棄を爲ささる場合に於ても左に掲くる場合に於ては相續人は單純承認を爲したるものと看做さるるものとす（民、一〇二四）

一　相續人か相續財産の全部又は一部を處分したるとき

相續財産の處分とは其財産を賣却し又は抵當入質を爲す如き自己の所有物に非されは爲すこと能はさる行爲を謂ふ然れとも相續財産の保存に必要なる行爲を爲し又は短期の賃貸借を爲すも之を以て單純承認を爲したるものと看做さるることなきものとす

二　相續人か自己の爲めに相續の開始ありたることを知りたる時より三个月內に限定承認又は拋棄を爲ささるとき

三　相續人か限定承認又は拋棄を爲したる後と雖も相續財産の全部又は一部を隱匿し私に之を消費し又は惡意を以て之を財産目錄中に記載せさりしとき

但其相續人か拋棄を爲したるに因りて相續人と爲りたる者か承認を爲したる後は右の行爲あるも單純承認を爲したるものと看做さるることなきなり

第二節　限定承認

第一　限定承認の意義

相續の限定承認とは相續人か相續に因りて得たる財産の限度に於てのみ被相續人の債務及ひ遺贈を辨濟すへきことを留保して相續の承認を爲すことを謂ふなり換言すれは相續人か其相續を爲すことは承諾するも被相續人の債務は相續財産の存する限度に於て之を繼承することを一の條件とするものなり而して法定の推定家督相續人たる直系卑屬は其家督相續を拋棄することと能はされとも其限定承認を爲すことを得るものとす(民、一〇二〇)

第二　限定承認の方法

家督又は遺産相續人か相續の限定承認を爲さんと欲するときは自己の爲めに相續の開始したることを知りたる時より三个月内に其相續すへき財産の目錄を調製し之を區裁判所へ提出して限定承認を爲す旨を申述することを要するものとす(民、一〇二六)

而して限定承認者は右に揭けたる申述を爲したる後五日内に一切の相續債權者及ひ受遺者に對し限定承認を爲したること及ひ一定の期間内に其請求の申出を爲すへき旨を公告し其期間内に債權の申出を爲したる債權者其他知れたる債權者に對し各其債權額の割合に應して辨濟を爲すへきものとす(民、一〇二九、一〇三一)

限定承認の手續は極めて複雑にして紙數に限りある本書に於て全部之を擧示すること能はさるを以て詳細は民法第千二十五條以下の規定を看るへし

第百五十一例

◉限定承認申述書式

相續ノ限定承認申述書（用紙美濃紙 申述書一通）

東京市牛込區榎町九番地
平民無職業
申述人　友川久助
最後ノ住所
前同所
被相續人　友川邑吾

申請ノ原因タル事實

明治　年　月　日申述人ハ前記相續人ノ何々（死亡又ハ失踪宣告確定）ニ因リテ相續ノ開始アリタルコトヲ知リタルニ依リ右相續ノ限定承認致度申述ニ及ヒ候次第ナリ

申請ノ趣旨
前記被相續人友川邑吾ノ跡相續限定承認申述致候也
附屬書類
一 財産目錄
一 戸籍謄本
明治　年　月　日
友川久助㊞
東京區裁判所
判事何　某殿

第三節 拋棄

家督相續たると遺産相續たるとを問はす其相續を爲すへき順序に在る者か其相續を爲すことを欲せさるときは之を拋棄することを得るものとす但法定の推定家督相續人たる直系卑屬は其家督を相續すへき義務あるものなるを以て絶對に之を拋棄すること能はさるものとす

相續の拋棄を爲さんと欲する者は自己の爲めに相續の開始ありたることを知りたる時より三个月內に於て被相續人の住所地を管轄する區裁判所へ其旨を申述することを要するものとす（民、一〇三八）而して此申述を爲したるときは相續開始の時に遡りて拋棄の效力を生するを以て（民、一〇三九）其者は全く相續を爲ささることとなり次の順位に在る相續人か其相續を爲すに至るものとす若し拋棄を爲したる者に直系卑屬ある場合と雖も其直系卑屬は拋棄者を代表して其相續人となることを得るものに非らす

數人の遺產相續人ある場合に於て其一人か拋棄を爲したるときは其相續分は他の相續人の相續分に應して之に歸屬するものとす（民、一〇三九ノ二）故に例へは被相續人か一萬圓の財產を殘して死亡し其者に長男、次男の二子（嫡出子）長女私生子ある場合に於て長男か其遺產相續を拋棄したるときは長男の相續すへかりし分卽ち相續財產一萬圓の五分の二、四千圓は次男と長女に歸屬するものにして其割合は次男の相續分五分の二、長女の相續分五分の一に比例して分配すへきを以て右四千圓の內二千六百六十六圓餘は次男に歸し千三百三十三圓餘は長女に歸するにより結局總相續財產一萬圓の內次男は六千六百餘圓を長女は三千三百餘圓を相續すへきか如し

第百五十二例

◉遺產相續拋棄申述書式

遺產相續拋棄申述書

（用紙美濃紙
申請書一通）

東京市神田區紺屋町四番地

佐平妻平民造花職

申述人　村越とし

同所（最後ノ住所）

被相續人　村越りき

原因タル事實

右申述人村越としハ明治　年　月　日前記被相續人村越りきノ死亡ニ因リ相續ノ開始アリタルコトヲ知リタルモ右相續人ハ兄平助ニ於テ全部相續スルヲ相當ト存シ候ニ付申述人ハ右相續ヲ拋棄致ス所以ニ有之候

申述ノ趣旨

右ノ次第ニ付被相續人村越りきノ遺產相續ヲ拋棄致度申述候也

附屬書類

一　戸籍謄本

一　許可書

明治　年　月　日

右　村越とし㊞

東京區裁判所

判事何　某殿

（別紙）

許可書

東京市神田區紺屋町四番地

村越とし

右ハ自分妻ニシテ今回右母村越りさノ死亡ニ因リ遺産相續開始シ其相續ヲ爲スヘキ處右相續ヲ妻ニ於テ拋棄スルコトヲ許可致候也

明治　年　月　日

夫　村　越　佐　平㊞

第二十一章　身分登記の變更

第一節　身分登記變更の意義

身分登記は戸籍の基礎を爲すものにして戸籍は身分登記に基きて之を作成するものなり故に戸籍に錯誤又は遺漏あるも身分登記に錯誤又は遺漏なきときは其戸籍を訂正するを以て足り其訂正を爲すか爲め何等の手續を要することなしと雖も身分登記に錯誤又は遺漏あるときは其戸籍のみを訂正すること能はさるを以て先つ戸籍の基礎たる身分登記の變更を爲すことを要するは勿論なりとす

而して身分登記は前數章に述へたる屆出又は申請に基きて之を爲すへきものなれとも屆出に錯誤又は遺漏ありたるか爲め又は戸籍吏の過失に因りて錯誤又は遺漏の登記ありたるときは更に其身分登記の變更の申請あるに非されは戸籍吏と雖も濫りに身分登記を訂正すること能はさるものとす故に身分登記に錯誤又は遺漏あることを發見したるときは其登記の變更を申請せん

と欲する者は其申請を爲し區裁判所の許可を得て其申請を爲すへきものとす身分登記の變更とは此手續を指稱するものとす（戸、一六七）

第二節　身分登記變更の申請

第一　申請の管轄

身分登記變更の申請は原登記を爲したる戸籍吏に之を爲すことを要するものとす（戸、一六八）而して届出に錯誤又は遺漏ありたる爲め身分登記の變更を要する場合に於ては其申請書は届出事件の數に應して之を作成することを要すれとも單に戸籍吏の過失に因り身分登記の變更を必要とする場合に於ては申請書は一通を以て足るものとす

第二　申請の期間

身分登記變更の申請は變更許可の裁判か確定したる日より一个月内に之を爲すへきものとす若し身分登記の變更を命する判決ありたる爲め其申請を爲すへき場合に於て其判決確定の日より一个月内に之を爲すへきものとす（戸、一六八、一六九）

第三　申請の要件

身分登記許可の申請には左の諸件を具備することを要す
一　原登記の件名及ひ年月日
二　變更すへき事項
此申請には許可の裁判の謄本を添付することを要す
尙申請の方式に付て第二章屆出の方式及ひ次の書式を參照すへし(戸、六七)

第百五十三例

◉身分登記變更許可申請書式　其一

身分登記變更許可申請　(用紙美濃紙申請書一通)

東京市下谷區三橋町十九番地
申請人　市坊丹三郎

申請ノ原因タル事實

右申請人ハ明治　年　月　日稻垣富ト婚姻ヲ爲シタルニ付同日下谷區戸籍役場ヘ其屆出ヲ爲シタリ然ルニ其以前明治　年　月　日兩人ノ間ニ男子直己ナルモノヲ擧ケ一時妻富ノ私生子トナリタル處其後明治　年　月　[illegible]分認知シテ庶子ト爲シタルニ付テハ婚姻

一 ニ因リ右直己ハ當然嫡出子ト爲ルヲ以テ該屆書ニ其旨ヲ附記スヘキ處誤テ漏記シタルニ因リ該事項ヲ挿入スル爲メ變更ノ許可ヲ得ヘキ必要有之申請ヲ爲ス所以ニ有之候

申請ノ趣旨

右ノ次第ナルヲ以テ申請人カ明治　年　月　日下谷區戸籍役場ヘ爲シタル婚姻ニ係ル身分登記中妻富母氏名ノ次行ニ「父母ノ婚姻ニ因リ長男タル嫡出子ノ身分ヲ取得スヘキ庶子直己明治　年　月　日生」ノ文字ヲ加記スヘキ事ヲ許可相成度此段申請候也

附屬書類

一　戸籍謄本　貳通

一　身分登記謄本　貳通

明治　年　月　日

市坊丹三郎㊞

東京區裁判所

判事何某殿

第百五十四例

(書)身分登記變更許可申請書式　其二

身分登記變更許可申請

（用紙美濃紙 申請書一通）

東京市赤坂區福吉町壹番地

戸主平民指物職

申請人　蛭　間　留　吉

申請人ハ明治　年　月　日前記肩書地ニ於テ次男金太郎出生シタルニ依リ同月　日其出生屆ヲ爲スニ際シ申請人ノ本籍地赤坂區福吉町壹番地ナルヲ誤テ麴町區番町十番地ト記載シテ赤坂區戸籍役場ヘ出生屆ニ及ヒタルヲ以テ同區戸籍吏ヨリ錯誤ノ通知ヲ受ケ候ニ付前陳錯誤ノ登記ヲ訂正致度本申請ニ及フ所以ニ有之候

申請の趣旨

右ノ次第ナルヲ以テ申請人カ明治　年　月　日赤坂區戸籍役場ヘ屆出タル次男金太郎ノ出生屆ノ身分登記ノ內父ノ本籍地麴町區番町十番地トアルヲ赤坂區福吉町壹番地ト變更ノ許可相成度此段申請候也

附屬書類

一　戸籍謄本　貳通
一　身分登記謄本　壹通
一　錯誤の通知書　壹通

明治　年　月　日

蛭　間　留　吉㊞

東京區裁判所
判事何　某殿

第百五十五例

㊂身分登記變更申請書式　其一

身分登記變更申請　（用紙半紙申請一通）

東京市京橋區高代町參拾番地戸主
平民桶職西村常吉同人妻とら
長男　玉　太　郎

明治　年　月　日附右玉太郎ノ出生登記中出生ノ時ノ項ニ　月　日トアルヲ　月

日ト變更ス
右明治　年　月　日身分登記變更許可ノ裁判確定ニ付變更相成度別紙裁判ノ謄本相添へ
此段申請候也
明治　年　月　日
申請人　西　村　常　吉㊞
生年月日
東京市京橋區戸籍吏何　某殿

第百五十六例

◉身分登記變更申請書式　其二

身分登記變更申請（用紙半紙／申請書一通）
東京市芝區車町四拾八番地
戸主平民下宿業
松　田　源　次　郎
明治　年　月　日附右源次郎ノ婚姻登記中妻ノ次行ニ左ノ事項ヲ登記ス

（父母ノ婚姻ニ依リ嫡子ノ身分ヲ取得ス　庶子男　乙　吉

生年月日

右明治　年　月　日身分登記變更許可ノ裁判確定ニ付變更相成度別紙裁判ノ謄本相添此段申請候也

明治　年　月　日

申請人　松　田　源　次　郎㊞

東京市芝區戸籍吏何　某殿

第百五十七例

⊜身分登記變更申請書式　其三

身分登記變更申請　（用紙半紙 申請書一通）

東京市下谷區車坂町貳番地

戸主平民鍼醫菊市弟無職業

大　沼　三　之　助

右死亡明治　年　月　日本籍人身分登記簿出生ノ部第　號ニ登記シアルヲ本籍人身

分登記簿死亡ノ部ニ登記ヲ變更ス
右明治　年　月　日身分登記變更許可ノ裁判確定ニ付變更相成度別紙裁判ノ謄本相添此段申請候也
明治　年　月　日

申請人　大沼菊市㊞
生年月日

東京市下谷區戸籍吏何　某殿

第二十二章　戸籍に關する屆出

第一節　轉籍の屆出

第一　戸籍吏の管轄外へ轉籍する場合

戸籍吏の管轄地外へ本籍を轉せんと欲するときは戸主より左の諸件を具し戸籍の謄本を添へて其旨を轉籍地の戸籍吏に屆出つることを要するものとす(戸、一九五)

一　轉籍者の氏名、出生の年月日及ひ職業

二　原籍地及ひ轉籍地

右の屆書は正副二通を作成して同時に之を差出すことを要するなり

第二　戸籍吏の管轄地内に於て本籍を變更する場合

戸籍吏の管轄地内に於て本籍地を變更せんと欲するときは戸主より原籍地及ひ新本籍地を具して其旨を戸籍吏に屆出つることを要するものとす（戸、一九六）但此屆書は一通にて足る

尚屆出の方式に付ては第二章に掲けたる身分に關する屆出の通則及ひ下の書式に準すへきものとす（戸、二〇二）

第百五十八例

㊀戸籍吏の管轄外へ轉籍する場合

轉　籍　屆　（用紙半紙 屆書一通）

東京市神田區黑門町拾八番地

戸主平民筆墨商

野　田　禮　三

生　年　月　日

妻　無職業　み　つ　生年月日

長女　無職業　た　き　生年月日

轉籍地　東京市本所區長岡町九番地

右轉籍致候間別紙戸籍謄本相添此段及御屆候也

明治　年　月　日

野田禮三㊞

東京市本所區戸籍吏何　某殿

第百五十九例

◉同一戸籍吏の管轄内に於て本籍を變更する場合

本籍地變更屆（用紙半紙屆書一通）

原籍地　埼玉縣北埼玉郡元和村大字琴寄四番地

新本籍地　同　縣　同　郡同村大字馬口拾五番地

右ノ通リ本籍地變更候間此段及御屆候也

明治　年　月　日

埼玉縣北埼玉郡元和村大字馬口拾五番地

戸主平民農

中里安右衛門㊞

生年月日

北埼玉郡元和村戸籍吏何

某殿

第二節　就籍の屆出

第一　就籍の意義

就籍とは屆出の闕漏其他の事由に因り本籍を有せさる者か其本籍を定むることを謂ふなり完全なる屆出あるときは本籍を有せさる者を生することなしと雖も屆出の闕漏あるとき其他戸籍吏か屆出を受理したるに拘はらす其登記を爲すことを遺漏したるときは之か爲め何れの地にも本籍を有せさる者を生すへし斯る無籍者は何時にても就籍せんとする地の戸籍役場を管

轄する區裁判所の許可を得て就籍の届出を爲すことを得るものとす(戸、一九七)

第二　届出の管轄

就籍の届出は就籍すへき地の戸籍吏に之を爲すことを要す故に東京市本郷區内へ本籍を定めんと欲するときは本郷區の戸籍吏に其届出を爲すへきか如し

第三　届出の期間

就籍の届出は區裁判所に於て爲したる許可の裁判か確定したる日より十日内に之を爲すへきものとす

若し確定判決に因り就籍の届出を爲すへき場合に於ては其判決確定の日より十日内に之を爲すことを要するなり(戸、二〇一)

第四　届出義務者

就籍の届出は就籍すへき者か戸主なるときは勿論家族なるときと雖も戸主より其届出を爲すことを要するものとす然れとも若し戸主か右の期間内に其届出を爲さゝるときは許可の裁判を受けたる者より其届出を爲すことを得るものとす(戸、二〇〇)

第五　届出の要件

就籍の屆出には左の諸件を具備することを要するものとす(戸、一九八)

一　就籍すへき者の氏名、族稱、出生の年月日時、職業及ひ就籍すへき地

二　就籍すへき者の父母の氏名及ひ其者と父母との續柄

三　本籍を有せさりし原因

四　就籍すへき者か前に本籍を有せし時は其舊本籍地

五　就籍すへき者か戸主なるときは其旨

六　就籍すへき者か家族なるときは戸主の氏名、族稱、職業及ひ其者と戸主との續柄

七　就籍すへき者か戸主及ひ家族なるときは戸主、家族の別及ひ家族と戸主との續柄

八　就籍すへき者か他家より入りて戸主又は家族と爲りたる者なるときは其原籍地、原籍の戸主の氏名、族稱及ひ其戸主と就籍すへき者との續柄

右六及ひ七の場合に於て就籍すへき家族か他家より入りて他の家族の配偶者と爲りたる者なるとき又は他の家族を經て戸主との親族關係を有する者なるときは屆書に其者と戸主との續柄の外他の家族との續柄を記載し若し他の家族とのみ親族關係を有する者なるときは其者と他の家族との續柄のみを記載することを要するものとす尚此屆出には許可の裁判の謄本を添

附すへきこと勿論なり

尚屆出の方式に付ては第二章身分屆に關する通則及ひ左の書式を參照すへし

第百六十例

◉就籍許可申請書式　其一

就籍許可申請　（用紙美濃紙　申請書一通）

東京市麻布區西町貳拾番地

戸主半助妹

申請人　細　井　す　ま

明治　年　月　日生

申請人ハ東京市麻布區西町貳拾番地戸主細井半助ノ妹ニシテ亡母さよカ前本籍地タル小石川區富坂町六番地ニ住居ノ際明治　年　月　日出生シタル私生子ニ有之爾來現今ニ至ルマテ細井家ニテ生長シタルモノニ有之候然ルニ其當時出生屆ヲ爲サヽリシモノト見ヘ本籍ヲ有セサルコトヲ今般戸主タル兄半助ニ於テ戸籍謄本下付ヲ受ケ始メテ發見致候ニ付キ貴廳ノ許可ヲ得テ本籍ヲ有シ度候ニ付本申請ヲ爲ス次第ニ有之候

申請ノ趣旨

右ノ次第ナルヲ以テ申請人細井すま明治　年　月　日生ヲ東京市麻布區西町貳拾番地戸主平民細井半助ノ妹トシテ就籍許可ノ裁判相成度此段申請候也

附屬書類

一　戸籍謄本

一　證明書

明治　年　月　日

細　井　す　ま㊞

東京區裁判所

判　事何　某殿

（別　紙）

證　明　書

細　井　す　ま

明治　年　月　日生

右ハ拙者亡母さよノ私生子ニシテ拙者ノ妹ニ有之候處出生ノ當時其屆洩ニ相成未タ本籍ヲ有セサル者ニ相違無之候此段證明候也

明治　年　月　日

兄　細井半助㊞

第百六十一例

◉就職許可申請書式　其二

就籍許可申請　（用紙美濃紙 申請書一通）

東京市本郷區田町拾壹番地戸主

平民形付職

申請人　伊口元次郎

明治　年　月　日生

原因タル事實

右申請人ハ明治　年頃ヨリ下谷區同朋町四番地ノ在籍者ニ有之候明治　年　月　日現在地ナル東京市本郷區田町拾壹番地ヘ轉籍ヲ爲サント存シ別紙ノ如ク下谷區戸籍役場ヘ對シテ

戸籍謄本下付申請仕候處同役場ヨリ別紙ノ通リ下谷區同朋町四番地ニハ全ク在籍セサルニ付謄本交付難成旨通知有之候ニ付キ早速同町附近ノ居住者ニ就キ事實取調候處申請人ノ在籍地ナル下谷區同朋町ノ戸籍簿ハ明治　年　月中下谷區火災ノ際下谷區役所モ類燒ノ難ニ罹リ燒失シタル爲メ當時下谷區役所ヨリ戸籍簿ノ燒失シタル各町ノ在籍者ニ對シ更ニ屆出ヲ爲スヘキ旨ノ公告有之タリトノ事發見致候ヘ共其當時申請人ハ已ニ兩親死亡シ單身トナリ諸所流浪シ居リタル爲メ下谷區役所ノ公告アリタルコトヲ知ラス從テ之ニ對シ其屆出ヲ缺漏シ無籍者ト相成リ候ニ付今回御廳ノ許可ヲ得テ就籍致度本申請ニ及ヒタル次第ニ有之候

申請ノ趣旨

右ノ次第ナルヲ以テ申請人伊ロ元次郎ヲ東京市本郷區田町拾壹番地ニ明治　年　月　日生父亡元八母亡たまトシテ就籍ノ御許可被成下度此段申請候也

附屬書類

一　謄本申請

一　證明書

明治　年　月　日

伊口元次郎㊞

東京區裁判所
判事何　某殿

第百六十二例

◉就籍届書式

就籍届（用紙半紙届書一通）

埼玉縣北足立郡六辻村大字辻五番地
戸主平民理髪業新八弟無職業
父亡若田勘作
母亡　よれ　三男
岩田常造
生年月日

右ハ是迄届出ノ闕漏ニ因リ（本籍ヲ有セサリシ原由）本籍ヲ有セサリシ處明治　年　月
日就籍許可ノ裁判確定候間別紙裁判ノ謄本相添此段及御届候也

明治　年　月　日
岩田常造㊞

北足立郡六辻村戸籍吏何　某殿

第三節　除籍の屆出

第一　除籍の意義

除籍とは就籍の反對にして屆出の闕漏其他の事由に因り同一の人か二個以上の本籍を有する場合に於て一個以外の本籍を取消すことを謂ふなり蓋人は戸主なると家族なるとを問はす本籍は必す一個に限り同時に二個以上の本籍を有すること能はさるを以て屆出の闕漏又は戸籍吏の過失に因り二個以上の本籍を有するに至りたるときは一個以外の本籍を除籍するの必要あれはなり而して除籍の屆出を爲さんと欲す者は其屆出を爲すへき戸籍役場を管轄する區裁判所に許可の申請を爲し其許可を得たる上戸籍吏に屆出を爲すへきものとす（戸、一九七）

第二　屆出の管轄

除籍の屆出は除籍すへき地の戸籍吏に之を爲すことを要す故に例へは神田區内と下谷區内とに本籍を有する者か神田區内の本籍を除籍せんと欲するときは神田區の戸籍吏に其屆出を爲すへきか如し

第三　届出の期間

除籍の届出は許可の裁判確定の日より十日内に之を爲すことを要す確定判決に因りて除籍の届出を爲すへき場合に於ては其判決確定の日より十日内に之を爲すことを要するなり（戸、一九九、二〇一）

第四　届出義務者

除籍すへき者か家族なるとき又は戸主及ひ家族なるときは戸主より其届出を爲すことを要するものとす然れとも若し戸主か其届出を爲さゝるときは除籍の許可の裁判を受けたる者より届出を爲すことを得るなり（戸、二〇〇）

第五　届出の要件

除籍の届出には左の諸件を具備することを要す（戸、一九九）

一　除籍すへき者の氏名、族稱、職業、本籍地及ひ複本籍地

二　複本籍を有する原因

三　除籍すへき者か本籍と複本籍とに於て身分を異にするときは本籍竝に複本籍に於ける身分及ひ其身分の異なる原因

此屆出には許可の裁判の謄本を添附することを要するものとす

尙屆出の方式に付ては第二章身分に關する屆出の通則及ひ左に掲くる書式を參照すへし

第百六十三例

◉除籍許可申請書式

除籍許可申請　（用紙美濃紙申請書一通）

東京市小石川區原町拾六番地
戸主平民牛肉商
申請人　勝山又兵衛

原因タル事實

申請人ノ三女みよナルモノハ明治　年　月　日東京市日本橋區小網町壹丁目參拾貳番地黑木三十郎ノ妻ニ嫁シ今尙同家ニ在ルコトハ別紙黑木家ノ戸籍謄本ニ依リ明ニ有之候然ルニ今度申請人カ轉籍ヲ爲サントト存シ申請人ノ戸籍謄本下付ヲ受ケタル處別紙謄本ノ如クニみよハ申請人三女トシテ現在シ未タ除籍セラレサルコトヲ發見仕候其原因ハ婚姻屆出ノ當時除籍ノ手續ヲ爲ササリシ爲メ複本籍ヲ生シタルモノニ有之候仍テ三女みよ複本籍ヲ除籍スル爲メ本件申請

ニ及ヒタル次第ニ有之候

申請ノ趣旨

右ノ次第ナルヲ以テ申請人戸籍中三女みよ明治　年　月　日生ヲ除籍ノ許可相成度候

附屬書類

一　戸籍謄本　貳通

明治　年　月　日

勝　山　又　兵　衞㊞

東京區裁判所

判　事何　某殿

第百六十四例

◉除籍屆書式

除　籍　屆（用紙半紙屆書一通）

本　籍　東京市赤坂區臺町拾壹番地

複本籍　東京市京橋區高代町五番地

戸主平民鳶職松藏二女
無職業　岡崎かん
生年月日

右かん何々(複本籍ヲ有セシ原因ヲ記載スルコト)ニ因リ複本籍ヲ有シ候處明治　年　月日除籍許可ノ裁判確定候間別紙裁判ノ謄本相添此段及御屆候也

明治　年　月　日

岡崎松藏㊞
生年月日

東京市京橋區戸籍吏何　某殿

第二十三章　寄留

寄留とは本籍地以外に居所を定ることを謂ひ戸主たると家族たるとを問はす市區町村長に其屆出を爲し又退去したるときは其旨の屆出を爲すことを要し正當の理由なくして一定の期間內に其屆出を爲ささるときは二十錢以上一圓二十五錢以下の科料に處せらるゝものとす

第一節　寄留の屆出

第一　屆出の管轄

寄留屆は寄留地の市區町村長に屆出て同時に本籍地の市區町村長にも其屆出を發送することを要するものとす故に其屆書は二通を要し之を同時に寄留地の市區町村長へ提出すれは其市區町村長は內一通を本籍地の市區町村長へ發送するものとす

第二　屆出の期間

寄留を爲したる日より十日以內に其屆出を爲すへきものとす

第三　屆出義務者

他府縣又は他郡區より寄留したるときは其寄留地か自己の所有地なるときは寄留者より其屆出を爲し其寄留地か他人の所有地にして借地又は借家寄留なるときは寄留者地主又は家主若くは其地所家屋の管理人より其屆出を爲すへきものとす

第四　屆出の要件

寄留屆書に記載すへき要件は左の書式に依り之を知るへし

第百六十五例

◉寄留届書式

其一　全戸寄留の場合

入寄留届（用紙半紙 届書二通）

千葉縣山武郡睦村拾番地

平民

戸主　山口太郎
生年月日

父　文藏
生年月日

母　とく
生年月日

妻　くめ
生年月日

長男　　建市

生年月日

右明治　年　月　日ヨリ東京市本郷區森川町九番地（自分持家若クハ何某所有）（建家）（借家）ヘ寄留致候間此段及御屆候也

右

明治　年　月　日

寄留戸主　山口太郎㊞

東京市本郷區長何　某殿

第百六十六例

◉寄留屆書式

其二　同居寄留の場合

入寄留屆（用紙半紙屆書二通）

東京市小石川區原町拾番地

平民

文吉次男

井上一太郎
生年月日

右明治　年　月　日ヨリ埼玉縣北足立郡浦和町壹番地山本きん方へ同居寄留致候間此段及御屆候也

年　月　日

右
寄留者　井上一太郎㊞
家主　山本きん㊞

北足立郡浦和町長何　某殿

第百六十七例

◉寄留屆書式

其三　轉寄留の場合

轉寄留屆　（用紙半紙屆書二通）

廣島縣廣島市仲町貳番地
士族戸主金平次女

下村さん
生年月日

右是迄廣島市幟町拾番地山中伊平方ニ寄留致居候處　月　日東京市芝區烏丸町六番地へ轉寄留致候間此段及御屆候也

右

明治　年　月　日
寄留者　下村さん㊞
舊家主　山中伊平印
新家主　小林三吉㊞

東京市芝區長何　某殿

第百六十八例

◉寄留屆書式

其四　轉寄留の場合

轉寄留屆　（用紙半紙屆書二通）

千葉縣山武郡睦村拾番地

平民農

戸　主　山　口　太　郎

父　文　藏

妻　と　く

長男　健　市

長女　ま　ち

右明治　年　月　日ヨリ東京市本郷區森川町九番地ニ寄留致居候處　月　日ヨリ同區同町七番地へ轉寄留仕候間此段及御届候也

明治　年　月　日　戸　主　山　口　太　郎㊞

東京市本郷區長何　某殿

第百六十九例

◉寄留届書式

其五　出寄留の場合

出寄留届　（用紙半紙届書一通）

千葉縣山武郡睦村拾番地
平民
戸主　山口太郎
妻　くと
長男　健市
長女　まち
右明治　年　月　日ヨリ東京市本郷區森川町九番地小林君平方ヘ同居寄留致候間此段及
御届候也
右
明治　年　月　日
戸主　山口太郎㊞
家主　小林君平㊞
東京市本郷區長何　某殿

第二節　退去の届出

第一　届出の管轄

退去届は寄留地の市區町村長に之を爲すへきものとす其手續は寄留届の場合と同一なり

第二　届出の期間

寄留地を去りたる日より十日以内に退去の届出を爲すことを要す

第三　届出義務者

退去したる寄留地か自已の所有地なるときは寄留者より退去の届出を爲し他人の所有地なるときは地主、家主又は其管理人より退去の届出を爲すへきものとす又寄留者か寄留地を退去して本籍地に歸りたるときは戶主又は本人より届出を爲すへきものとす

第四　届出の要件

退去届に記載すへき要件は下の書式に依り之を知るへし

第百七十例

◉退去届書式

其一　全戶退去ノ場合

退去届（用紙牛紙届書一通）

東京市牛込區仲町六番地
平民
戸主　木村捨吉
妻　やま
長男　文平

右是迄東京市牛込區山伏町五番地ニ寄留致居候處　月　日退去候間此段及御届候也

右
戸主　木村捨吉㊞
家主　君塚文七㊞

明治　年　月　日

東京市牛込區長何　某殿

第百七十一例

◉退去届書式

其二　同居者の退去の場合

退去届（用紙半紙／届書一通）

神奈川縣横濱市老松町五番地
士族戸主正吉三男
山本權七
右是迄東京市麹町區三番町七番地川上イマ方ニ同居寄留致候處　月　日退去候間此段及御屆候也

明治　年　月　日

右
退去者　山本權七㊞
家主　川上イマ㊞

東京市麹町區長何　某殿

人事法詳解　畢

明治四十三年四月　八　日印刷
明治四十三年四月十一日發行
明治四十三年十一月二十日再版發行

人事法詳解奥附

並製本　壹圓貳拾錢
上製本二十五錢増

第二版

著作者　田山卓爾

發行者　竹村正之助
東京市本所區長崎町十二番地

發行所　明治大學出版部
東京神田區駿河臺

印刷人　白土幸力
東京市神田區美土代町二丁目一番地

印刷所　三光堂活版所
東京市神田區美土代町二丁目一番地

大賣捌所　有斐閣書房
東京神田一ツ橋通町

人事法詳解　全　　　　**別巻 1428**

2024(令和6)年11月20日　　復刻版第1刷発行

著　者　田　山　卓　爾

発行者　今　井　　貴

発行所　信　山　社　出　版

〒113-0033　東京都文京区本郷6-2-9-102
モンテベルデ第2東大正門前
電　話　03 (3818) 1019
FAX　03 (3818) 0344
郵便振替　00140-2-367777(信山社販売)

Printed in Japan.

制作／(株)信山社，印刷・製本／松澤印刷・日進堂

ISBN 978-4-7972-4441-0 C3332

別巻　巻数順一覧【1349 ～ 1530 巻】※網掛け巻数は、2021 年 11 月以降刊行

巻数	書　名	編・著・訳者　等	ISBN	定　価	本体価格
1349	國際公法	W・E・ホール、北條元篤、熊谷直太	978-4-7972-8953-4	41,800 円	38,000 円
1350	民法代理論 完	石尾一郎助	978-4-7972-8954-1	46,200 円	42,000 円
1351	民法總則編物權編債權編實用詳解	清浦奎吾、梅謙次郎、自治館編輯局	978-4-7972-8955-8	93,500 円	85,000 円
1352	民法親族編相續編實用詳解	細川潤次郎、梅謙次郎、自治館編輯局	978-4-7972-8956-5	60,500 円	55,000 円
1353	登記法實用全書	前田孝階、自治館編輯局（新井正三郎）	978-4-7972-8958-9	60,500 円	55,000 円
1354	民事訴訟法精義	東久世通禧、自治館編輯局	978-4-7972-8959-6	59,400 円	54,000 円
1355	民事訴訟法釋義	梶原仲治	978-4-7972-8960-2	41,800 円	38,000 円
1356	人事訴訟手續法	大森洪太	978-4-7972-8961-9	40,700 円	37,000 円
1357	法學通論	牧兒馬太郎	978-4-7972-8962-6	33,000 円	30,000 円
1358	刑法原理	城數馬	978-4-7972-8963-3	63,800 円	58,000 円
1359	行政法講義・佛國裁判所構成大要・日本古代法 完	パテルノストロ、曲木如長、坪谷善四郎	978-4-7972-8964-0	36,300 円	33,000 円
1360	民事訴訟法講義〔第一分冊〕	本多康直、今村信行、深野達	978-4-7972-8965-7	46,200 円	42,000 円
1361	民事訴訟法講義〔第二分冊〕	本多康直、今村信行、深野達	978-4-7972-8966-4	61,600 円	56,000 円
1362	民事訴訟法講義〔第三分冊〕	本多康直、今村信行、深野達	978-4-7972-8967-1	36,300 円	33,000 円
1505	地方財政及税制の改革〔昭和12年初版〕	三好重夫	978-4-7972-7705-0	62,700 円	57,000 円
1506	改正 市制町村制〔昭和13年第7版〕	法曹閣	978-4-7972-7706-7	30,800 円	28,000 円
1507	市制町村制 及 関係法令〔昭和13年第5版〕	市町村雑誌社	978-4-7972-7707-4	40,700 円	37,000 円
1508	東京府市区町村便覧〔昭和14年初版〕	東京地方改良協会	978-4-7972-7708-1	26,400 円	24,000 円
1509	改正 市制町村制 附 施行細則・執務條規〔明治44年第4版〕	矢島誠進堂	978-4-7972-7709-8	33,000 円	30,000 円
1510	地方財政改革問題〔昭和14年初版〕	高砂恒三郎、山根守道	978-4-7972-7710-4	46,200 円	42,000 円
1511	市町村事務必携〔昭和4年再版〕第1分冊	大塚辰治	978-4-7972-7711-1	66,000 円	60,000 円
1512	市町村事務必携〔昭和4年再版〕第2分冊	大塚辰治	978-4-7972-7712-8	81,400 円	74,000 円
1513	市制町村制逐条示解〔昭和11年第64版〕第1分冊	五十嵐鑛三郎、松本角太郎、中村淑人	978-4-7972-7713-5	74,800 円	68,000 円
1514	市制町村制逐条示解〔昭和11年第64版〕第2分冊	五十嵐鑛三郎、松本角太郎、中村淑人	978-4-7972-7714-2	74,800 円	68,000 円
1515	新旧対照 市制町村制 及 理由〔明治44年初版〕	平田東助、荒川五郎	978-4-7972-7715-9	30,800 円	28,000 円
1516	地方制度講話〔昭和5年再版〕	安井英二	978-4-7972-7716-6	33,000 円	30,000 円
1517	郡制注釈 完〔明治30年再版〕	岩田徳義	978-4-7972-7717-3	23,100 円	21,000 円
1518	改正 府県制郡制講義〔明治32年初版〕	樋山廣業	978-4-7972-7718-0	30,800 円	28,000 円
1519	改正 府県制郡制〔大正4年 訂正21版〕	山野金蔵	978-4-7972-7719-7	24,200 円	22,000 円
1520	改正 地方制度法典〔大正12第13版〕	自治研究会	978-4-7972-7720-3	52,800 円	48,000 円
1521	改正 市制町村制 及 附属法令〔大正2年第6版〕	市町村雑誌社	978-4-7972-7721-0	33,000 円	30,000 円
1522	実例判例 市制町村制釈義〔昭和9年改訂13版〕	梶康郎	978-4-7972-7722-7	52,800 円	48,000 円
1523	訂正 市制町村制 附 理由書〔明治33年第3版〕	明昇堂	978-4-7972-7723-4	30,800 円	28,000 円
1524	逐条解釈 改正 市町村財務規程〔昭和8年第9版〕	大塚辰治	978-4-7972-7724-1	59,400 円	54,000 円
1525	市制町村制 附 理由書〔明治21年初版〕	狩谷茂太郎	978-4-7972-7725-8	22,000 円	20,000 円
1526	改正 市制町村制〔大正10年第10版〕	井上圓三	978-4-7972-7726-5	24,200 円	22,000 円
1527	正文 市制町村制 並 選挙法規 附 陪審法〔昭和2年初版〕	法曹閣	978-4-7972-7727-2	30,800 円	28,000 円
1528	再版増訂 市制町村制註釈 附 市制町村制理由[明治21年増補再版]	坪谷善四郎	978-4-7972-7728-9	44,000 円	40,000 円
1529	五版 市町村制例規〔明治36年第5版〕	野元友三郎	978-4-7972-7729-6	30,800 円	28,000 円
1530	全国市町村便覧 附 全国学校名簿〔昭和10年初版〕第1分冊	藤谷崇文館	978-4-7972-7730-2	74,800 円	68,000 円

別巻　巻数順一覧【1309 ～ 1348 巻】※網掛け巻数は、2021 年 11 月以降刊行

巻数	書　名	編・著・訳者　等	ISBN	定　価	本体価格
1309	監獄學	谷野格	978-4-7972-7459-2	38,500 円	35,000 円
1310	警察學	宮國忠吉	978-4-7972-7460-8	38,500 円	35,000 円
1311	司法警察論	高井賢三	978-4-7972-7461-5	56,100 円	51,000 円
1312	増訂不動産登記法正解	三宅徳業	978-4-7972-7462-2	132,000 円	120,000 円
1313	現行不動産登記法要義	松本修平	978-4-7972-7463-9	44,000 円	40,000 円
1314	改正民事訴訟法要義 全〔第一分冊〕	早川彌三郎	978-4-7972-7464-6	56,100 円	51,000 円
1315	改正民事訴訟法要義 全〔第二分冊〕	早川彌三郎	978-4-7972-7465-3	77,000 円	70,000 円
1316	改正強制執行法要義	早川彌三郎	978-4-7972-7467-7	41,800 円	38,000 円
1317	非訟事件手續法	横田五郎、三宅徳業	978-4-7972-7468-4	49,500 円	45,000 円
1318	旧制對照改正官制全書	博文館編輯局	978-4-7972-7469-1	85,800 円	78,000 円
1319	日本政体史 完	秦政治郎	978-4-7972-7470-7	35,200 円	32,000 円
1320	萬國現行憲法比較	辰巳小二郎	978-4-7972-7471-4	33,000 円	30,000 円
1321	憲法要義 全	入江魁	978-4-7972-7472-1	37,400 円	34,000 円
1322	英國衆議院先例類集 巻之一・巻之二	ハッセル	978-4-7972-7473-8	71,500 円	65,000 円
1323	英國衆議院先例類集 巻之三	ハッセル	978-4-7972-7474-5	55,000 円	50,000 円
1324	會計法精義　全	三輪一夫、松岡萬次郎、木田川奎彦、石森憲治	978-4-7972-7476-9	77,000 円	70,000 円
1325	商法汎論	添田敬一郎	978-4-7972-7477-6	41,800 円	38,000 円
1326	商業登記法 全	新井正三郎	978-4-7972-7478-3	35,200 円	32,000 円
1327	商業登記法釋義	的場繁次郎	978-4-7972-7479-0	47,300 円	43,000 円
1328	株式及期米裁判例	繁田保吉	978-4-7972-7480-6	49,500 円	45,000 円
1329	刑事訴訟法論	溝淵孝雄	978-4-7972-7481-3	41,800 円	38,000 円
1330	修正刑事訴訟法義解 全	太田政弘、小濵松次郎、緒方惟一郎、前田兼寶、小田明次	978-4-7972-7482-0	44,000 円	40,000 円
1331	法律格言・法律格言義解	H・ブルーム、林健、鶴田忞	978-4-7972-7483-7	58,300 円	53,000 円
1332	法律名家纂論	氏家寅治	978-4-7972-7484-4	35,200 円	32,000 円
1333	歐米警察見聞録	松井茂	978-4-7972-7485-1	38,500 円	35,000 円
1334	各國警察制度・各國警察制度沿革史	松井茂	978-4-7972-7486-8	39,600 円	36,000 円
1335	新舊對照刑法蒐論	岸本辰雄、岡田朝太郎、山口慶一	978-4-7972-7487-5	82,500 円	75,000 円
1336	新刑法論	松原一雄	978-4-7972-7488-2	51,700 円	47,000 円
1337	日本刑法實用 完	千阪彦四郎、尾崎忠治、簑作麟祥、西周、宮城浩藏、菅生初雄	978-4-7972-7489-9	57,200 円	52,000 円
1338	刑法實用詳解〔第一分冊〕	西園寺公望、松田正久、自治館編輯局	978-4-7972-7490-5	56,100 円	51,000 円
1339	刑法實用詳解〔第二分冊〕	西園寺公望、松田正久、自治館編輯局	978-4-7972-7491-2	62,700 円	57,000 円
1340	日本商事會社法要論	堤定次郎	978-4-7972-7493-6	61,600 円	56,000 円
1341	手形法要論	山縣有朋、堤定次郎	978-4-7972-7494-3	42,900 円	39,000 円
1342	約束手形法義解 全	梅謙次郎、加古貞太郎	978-4-7972-7495-0	34,100 円	31,000 円
1343	戸籍法 全	島田鐵吉	978-4-7972-7496-7	41,800 円	38,000 円
1344	戸籍辭典	石渡敏一、自治館編輯局	978-4-7972-7497-4	66,000 円	60,000 円
1345	戸籍法實用大全	勝海舟、梅謙次郎、自治舘編輯局	978-4-7972-7498-1	45,100 円	41,000 円
1346	戸籍法詳解〔第一分冊〕	大隈重信、自治館編輯局	978-4-7972-7499-8	62,700 円	57,000 円
1347	戸籍法詳解〔第二分冊〕	大隈重信、自治館編輯局	978-4-7972-8950-3	96,800 円	88,000 円
1348	戸籍法釋義 完	板垣不二男、岡村司	978-4-7972-8952-7	80,300 円	73,000 円

別巻　巻数順一覧【1265～1308巻】

巻数	書　名	編・著・訳者　等	ISBN	定　価	本体価格
1265	行政裁判法論	小林魁郎	978-4-7972-7386-1	41,800円	38,000円
1266	奎堂餘唾	清浦奎吾、和田鍊太、平野貞次郎	978-4-7972-7387-8	36,300円	33,000円
1267	公證人規則述義 全	箕作麟祥、小松濟治、岸本辰雄、大野太衛	978-4-7972-7388-5	39,600円	36,000円
1268	登記法公證人規則詳解 全・大日本登記法公證人規則註解 全	鶴田皓、今村長善、中野省吾、奥山政敬、河原田新	978-4-7972-7389-2	44,000円	40,000円
1269	現行警察法規 全	内務省警保局	978-4-7972-7390-8	55,000円	50,000円
1270	警察法規研究	有光金兵衛	978-4-7972-7391-5	33,000円	30,000円
1271	日本帝國憲法論	田中次郎	978-4-7972-7392-2	44,000円	40,000円
1272	國家哲論	松本重敏	978-4-7972-7393-9	49,500円	45,000円
1273	農業倉庫業法制定理由・小作調停法原義	法律新聞社	978-4-7972-7394-6	52,800円	48,000円
1274	改正刑事訴訟法精義〔第一分冊〕	法律新聞社	978-4-7972-7395-3	77,000円	70,000円
1275	改正刑事訴訟法精義〔第二分冊〕	法律新聞社	978-4-7972-7396-0	71,500円	65,000円
1276	刑法論	島田鐵吉、宮城長五郎	978-4-7972-7398-4	38,500円	35,000円
1277	特別民事訴訟論	松岡義正	978-4-7972-7399-1	55,000円	50,000円
1278	民事訴訟法釋義 上巻	樋山廣業	978-4-7972-7400-4	55,000円	50,000円
1279	民事訴訟法釋義 下巻	樋山廣業	978-4-7972-7401-1	50,600円	46,000円
1280	商法研究 完	猪股淇清	978-4-7972-7403-5	66,000円	60,000円
1281	新會社法講義	猪股淇清	978-4-7972-7404-2	60,500円	55,000円
1282	商法原理 完	神崎東藏	978-4-7972-7405-9	55,000円	50,000円
1283	實用行政法	佐々野章邦	978-4-7972-7406-6	50,600円	46,000円
1284	行政法汎論 全	小原新三	978-4-7972-7407-3	49,500円	45,000円
1285	行政法各論 全	小原新三	978-4-7972-7408-0	46,200円	42,000円
1286	帝國商法釋義〔第一分冊〕	栗本勇之助	978-4-7972-7409-7	77,000円	70,000円
1287	帝國商法釋義〔第二分冊〕	栗本勇之助	978-4-7972-7410-3	79,200円	72,000円
1288	改正日本商法講義	樋山廣業	978-4-7972-7412-7	94,600円	86,000円
1289	海損法	秋野沆	978-4-7972-7413-4	35,200円	32,000円
1290	舩舶論 全	赤松梅吉	978-4-7972-7414-1	38,500円	35,000円
1291	法理學 完	石原健三	978-4-7972-7415-8	49,500円	45,000円
1292	民約論 全	J・J・ルソー、市村光恵、森口繁治	978-4-7972-7416-5	44,000円	40,000円
1293	日本警察法汎論	小原新三	978-4-7972-7417-2	35,200円	32,000円
1294	衞生行政法釈釋義 全	小原新三	978-4-7972-7418-9	82,500円	75,000円
1295	訴訟法原理 完	平島及平	978-4-7972-7443-1	50,600円	46,000円
1296	民事手続規準	山内確三郎、高橋一郎	978-4-7972-7444-8	101,200円	92,000円
1297	國際私法 完	伊藤悌治	978-4-7972-7445-5	38,500円	35,000円
1298	新舊比照 刑事訴訟法釋義 上巻	樋山廣業	978-4-7972-7446-2	33,000円	30,000円
1299	新舊比照 刑事訴訟法釋義 下巻	樋山廣業	978-4-7972-7447-9	33,000円	30,000円
1300	刑事訴訟法原理 完	上條慎藏	978-4-7972-7449-3	52,800円	48,000円
1301	國際公法 完	石川錦一郎	978-4-7972-7450-9	47,300円	43,000円
1302	國際私法	中村太郎	978-4-7972-7451-6	38,500円	35,000円
1303	登記法公證人規則註釋 完・登記法公證人規則交渉令達註釋 完	元田肇、澁谷慥爾、渡邊覺二郎	978-4-7972-7452-3	33,000円	30,000円
1304	登記提要 上編	木下哲三郎、伊東忍、緩鹿實彰	978-4-7972-7453-0	50,600円	46,000円
1305	登記提要 下編	木下哲三郎、伊東忍、緩鹿實彰	978-4-7972-7454-7	38,500円	35,000円
1306	日本會計法要論 完・選擧原理 完	阪谷芳郎、亀井英三郎	978-4-7972-7456-1	52,800円	48,000円
1307	國法學 完・憲法原理 完・主權論 完	橋爪金三郎、谷口留三郎、高槻純之助	978-4-7972-7457-8	60,500円	55,000円
1308	圀家學	南弘	978-4-7972-7458-5	38,500円	35,000円

別巻　巻数順一覧【1225～1264巻】

巻数	書　名	編・著・訳者　等	ISBN	定　価	本体価格
1225	獄制研究資料　第一輯	谷田三郎	978-4-7972-7343-4	44,000円	40,000円
1226	歐米感化法		978-4-7972-7344-1	44,000円	40,000円
1227	改正商法實用 完　附 商業登記申請手續 〔第一分冊 總則・會社〕	清浦奎吾、波多野敬直、 梅謙次郎、古川五郎	978-4-7972-7345-8	60,500円	55,000円
1228	改正商法實用 完　附 商業登記申請手續 〔第二分冊 商行為・手形〕	清浦奎吾、波多野敬直、 梅謙次郎、古川五郎	978-4-7972-7346-5	66,000円	60,000円
1229	改正商法實用 完　附 商業登記申請手續 〔第三分冊 海商・附録〕	清浦奎吾、波多野敬直、 梅謙次郎、古川五郎	978-4-7972-7347-2	88,000円	80,000円
1230	日本手形法論 完	岸本辰雄、井本常治、 町井鐵之介、毛戸勝元	978-4-7972-7349-6	55,000円	50,000円
1231	日本英米比較憲法論	川手忠義	978-4-7972-7350-2	38,500円	35,000円
1232	比較國法學 全	末岡精一	978-4-7972-7351-9	88,000円	80,000円
1233	國家學要論 完	トーマス・ラレー、土岐僙	978-4-7972-7352-6	38,500円	35,000円
1234	税關及倉庫論	岸﨑昌	978-4-7972-7353-3	38,500円	35,000円
1235	有價證券論	豐田多賀雄	978-4-7972-7354-0	60,500円	55,000円
1236	帝國憲法正解 全	建野郷三、水野正香	978-4-7972-7355-7	55,000円	50,000円
1237	權利競爭論・権利争闘論	イエーリング、レーロア、 宇都宮五郎、三村立人	978-4-7972-7356-4	55,000円	50,000円
1238	帝國憲政と道義　附 日本官吏任用論 全	大津淳一郎、野口勝一	978-4-7972-7357-1	77,000円	70,000円
1239	國體擁護日本憲政本論	寺内正毅、二宮熊次郎、 加藤弘之、加藤房藏	978-4-7972-7358-8	44,000円	40,000円
1240	國體論史	清原貞雄	978-4-7972-7359-5	52,800円	48,000円
1241	商法實論 附 破産法 商法施行法 供託法 競賣法 完	秋山源藏、井上八重吉、中島行藏	978-4-7972-7360-1	77,000円	70,000円
1242	判例要旨定義學説試驗問題准條適條 對照 改正商法及理由	塚﨑直義	978-4-7972-7361-8	44,000円	40,000円
1243	辯護三十年	塚﨑直義	978-4-7972-7362-5	38,500円	35,000円
1244	水野博士論集	水野錬太郎	978-4-7972-7363-2	58,300円	53,000円
1245	強制執行法論 上卷	遠藤武治	978-4-7972-7364-9	44,000円	40,000円
1246	公証人法論綱	長谷川平次郎	978-4-7972-7365-6	71,500円	65,000円
1247	改正大日本六法類編 行政法上卷〔第一分冊〕	磯部四郎、矢代操、島巨邦	978-4-7972-7366-3	55,000円	50,000円
1248	改正大日本六法類編 行政法上卷〔第二分冊〕	磯部四郎、矢代操、島巨邦	978-4-7972-7367-0	68,200円	62,000円
1249	改正大日本六法類編 行政法上卷〔第三分冊〕	磯部四郎、矢代操、島巨邦	978-4-7972-7368-7	55,000円	50,000円
1250	改正大日本六法類編 行政法下卷〔第一分冊〕	磯部四郎、矢代操、島巨邦	978-4-7972-7369-4	66,000円	60,000円
1251	改正大日本六法類編 行政法下卷〔第二分冊〕	磯部四郎、矢代操、島巨邦	978-4-7972-7370-0	57,200円	52,000円
1252	改正大日本六法類編 行政法下卷〔第三分冊〕	磯部四郎、矢代操、島巨邦	978-4-7972-7371-7	60,500円	55,000円
1253	改正大日本六法類編 民法・商法・訴訟法	磯部四郎、矢代操、島巨邦	978-4-7972-7372-4	93,500円	85,000円
1254	改正大日本六法類編 刑法・治罪法	磯部四郎、矢代操、島巨邦	978-4-7972-7373-1	71,500円	65,000円
1255	刑事訴訟法案理由書〔大正十一年〕	法曹會	978-4-7972-7375-5	44,000円	40,000円
1256	刑法及刑事訴訟法精義	磯部四郎、竹内房治、尾山萬次郎	978-4-7972-7376-2	91,300円	83,000円
1257	未成年犯罪者ノ處遇 完	小河滋次郎	978-4-7972-7377-9	33,000円	30,000円
1258	增訂普通選挙法釋義〔第一分冊〕	濵口雄幸、江木翼、三宅正太郎、 石原雅二郎、坂千秋	978-4-7972-7378-6	55,000円	50,000円
1259	增訂普通選挙法釋義〔第二分冊〕	濵口雄幸、江木翼、三宅正太郎、 石原雅二郎、坂千秋	978-4-7972-7379-3	60,500円	55,000円
1260	會計法要義 全	山崎位	978-4-7972-7381-6	55,000円	50,000円
1261	會計法語彙	大石興	978-4-7972-7382-3	68,200円	62,000円
1262	實用憲法	佐々野章邦	978-4-7972-7383-0	33,000円	30,000円
1263	訂正增補日本行政法講義	坂千秋	978-4-7972-7384-7	64,900円	59,000円
1264	增訂臺灣行政法論	大島久滿次、持地六三郎、 佐々木忠藏、髙橋武一郎	978-4-7972-7385-4	55,000円	50,000円

別巻　巻数順一覧【1185 ～ 1224 巻】

巻数	書　名	編・著・訳者　等	ISBN	定　価	本体価格
1185	改正衆議院議員選擧法正解	柳川勝二、小中公毅、潮道佐	978-4-7972-7300-7	71,500 円	65,000 円
1186	大審院判決例大審院検事局司法省質疑回答 衆議院議員選擧罰則　附 選擧訴訟、當選訴訟判決例	司法省刑事局	978-4-7972-7301-4	55,000 円	50,000 円
1187	最近選擧事犯判決集　附 衆議院議員選擧法、同法施行令選擧運動ノ爲ニスル文書圖畫ニ關スル件	日本檢察學會	978-4-7972-7302-1	35,200 円	32,000 円
1188	民法問答全集 完	松本慶次郎、村瀬甲子吉	978-4-7972-7303-8	77,000 円	70,000 円
1189	民法評釋 親族編相續編	近衛篤麿、富田鐵之助、山田喜之助、加藤弘之、神鞭知常、小林里平	978-4-7972-7304-5	39,600 円	36,000 円
1190	國際私法	福原鐐二郎、平岡定太郎	978-4-7972-7305-2	60,500 円	55,000 円
1191	共同海損法	甲野荘平、リチャード・ローンデス	978-4-7972-7306-9	77,000 円	70,000 円
1192	海上保險法	秋野沆	978-4-7972-7307-6	38,500 円	35,000 円
1193	運送法	菅原大太郎	978-4-7972-7308-3	39,600 円	36,000 円
1194	倉庫證券論	フォン・コスタネッキー、住友倉庫本店、草鹿丁卯次郎	978-4-7972-7309-0	38,500 円	35,000 円
1195	大日本海上法規	遠藤可一	978-4-7972-7310-6	55,000 円	50,000 円
1196	米國海上法要略 全	ジクゾン、秋山源蔵、北畠秀雄	978-4-7972-7311-3	38,500 円	35,000 円
1197	國際私法要論	アッセル、リヴィエー、入江良之	978-4-7972-7312-0	44,000 円	40,000 円
1198	國際私法論 上卷	跡部定次郎	978-4-7972-7313-7	66,000 円	60,000 円
1199	國法學要義 完	小原新三	978-4-7972-7314-4	38,500 円	35,000 円
1200	平民政治 上巻〔第一分冊〕	ゼームス・ブライス、人見一太郎	978-4-7972-7315-1	88,000 円	80,000 円
1201	平民政治 上巻〔第二分冊〕	ゼームス・ブライス、人見一太郎	978-4-7972-7316-8	79,200 円	72,000 円
1202	平民政治 下巻〔第一分冊〕	ゼームス・ブライス、人見一太郎	978-4-7972-7317-5	88,000 円	80,000 円
1203	平民政治 下巻〔第二分冊〕	ゼームス・ブライス、人見一太郎	978-4-7972-7318-2	88,000 円	80,000 円
1204	國法學	岸崎昌、中村孝	978-4-7972-7320-5	38,500 円	35,000 円
1205	朝鮮行政法要論 總論	永野清、田口春二郎	978-4-7972-7321-2	39,600 円	36,000 円
1206	朝鮮行政法要論 各論	永野清、田口春二郎	978-4-7972-7322-9	44,000 円	40,000 円
1207	註釋刑事記録	潮道佐	978-4-7972-7324-3	57,200 円	52,000 円
1208	刑事訴訟法陪審法刑事補償法先例大鑑	潮道佐	978-4-7972-7325-0	61,600 円	56,000 円
1209	法理學	丸山長渡	978-4-7972-7326-7	39,600 円	36,000 円
1210	法理學講義 全	江木衷、和田經重、奥山十平、宮城政明、粟生誠太郎	978-4-7972-7327-4	74,800 円	68,000 円
1211	司法省訓令回答類纂 全	日下部りゅう	978-4-7972-7328-1	88,000 円	80,000 円
1212	改正商法義解 完	遠藤武治、横塚泰助	978-4-7972-7329-8	88,000 円	80,000 円
1213	改正新會社法釋義　附 新舊對照條文	美濃部俊明	978-4-7972-7330-4	55,000 円	50,000 円
1214	改正商法釋義 完	日本法律學校内法政學會	978-4-7972-7331-1	77,000 円	70,000 円
1215	日本國際私法	佐々野章邦	978-4-7972-7332-8	33,000 円	30,000 円
1216	國際私法	遠藤登喜夫	978-4-7972-7333-5	44,000 円	40,000 円
1217	國際私法及國際刑法論	L・フォン・バール、宮田四八	978-4-7972-7334-2	50,600 円	46,000 円
1218	民法問答講義	吉野寛	978-4-7972-7335-9	88,000 円	80,000 円
1219	民法財産取得編人事編註釋　附法例及諸法律	柿嵜欽吾、山田正賢	978-4-7972-7336-6	44,000 円	40,000 円
1220	改正日本民法問答正解　総則編物權編債權編	柿嵜欽吾、山田正賢	978-4-7972-7337-3	44,000 円	40,000 円
1221	改正日本民法問答正解　親族編相續編　附民法施行法問答正解	柿嵜欽吾、山田正賢	978-4-7972-7338-0	44,000 円	40,000 円
1222	會計法釋義	北島兼弘、石渡傳蔵、德山銓一郎	978-4-7972-7340-3	41,800 円	38,000 円
1223	會計法辯義	若槻禮次郎、市來乙彦、松本重威、稲葉敏	978-4-7972-7341-0	77,000 円	70,000 円
1224	相續稅法義解	會禰荒助、若槻禮次郎、菅原通敬、稲葉敏	978-4-7972-7342-7	49,500 円	45,000 円

別巻　巻数順一覧【1147 ～ 1184 巻】

巻数	書名	編・著・訳者 等	ISBN	定価	本体価格
1147	各國の政黨〔第一分冊〕	外務省欧米局	978-4-7972-7256-7	77,000 円	70,000 円
1148	各國の政黨〔第二分冊〕・各國の政黨 追録	外務省欧米局	978-4-7972-7257-4	66,000 円	60,000 円
1149	獨逸法	宮内國太郎	978-4-7972-7259-8	38,500 円	35,000 円
1150	支那法制史	淺井虎夫	978-4-7972-7260-4	49,500 円	45,000 円
1151	日本法制史	三浦菊太郎	978-4-7972-7261-1	44,000 円	40,000 円
1152	新刑法要説	彦阪秀	978-4-7972-7262-8	74,800 円	68,000 円
1153	改正新民法註釋 總則編・物權編	池田虎雄、岩﨑通武、川原閑舟、池田撝卿	978-4-7972-7263-5	66,000 円	60,000 円
1154	改正新民法註釋 債權編	池田虎雄、岩﨑通武、川原閑舟、池田撝卿	978-4-7972-7264-2	44,000 円	40,000 円
1155	改正新民法註釋 親族編・相續編・施行法	池田虎雄、岩﨑通武、川原閑舟、池田撝卿	978-4-7972-7265-9	55,000 円	50,000 円
1156	民法総則編物權編釋義	丸尾昌雄	978-4-7972-7267-3	38,500 円	35,000 円
1157	民法債權編釋義	丸尾昌雄	978-4-7972-7268-0	41,800 円	38,000 円
1158	民法親族編相續編釋義	上田豐	978-4-7972-7269-7	38,500 円	35,000 円
1159	民法五百題	戸水寛人、植松金章、佐藤孝太郎	978-4-7972-7270-3	66,000 円	60,000 円
1160	實用土地建物の法律詳説　附 契約書式 登記手續	宮田四八、大日本新法典講習會	978-4-7972-7271-0	35,200 円	32,000 円
1161	釐頭伺指令内訓　現行類聚　大日本六法類編　行政法〔第一分冊〕	王乃世履、三島毅、加太邦憲、小松恒	978-4-7972-7272-7	77,000 円	70,000 円
1162	釐頭伺指令内訓 現行類聚　大日本六法類編　行政法〔第二分冊〕	王乃世履、三島毅、加太邦憲、小松恒	978-4-7972-7273-4	71,500 円	65,000 円
1163	釐頭伺指令内訓　現行類聚大日本六法類編 民法・商法・訴訟法	玉乃世履、三島毅、加太邦憲、小松恒	978-4-7972-7274-1	66,000 円	60,000 円
1164	釐頭伺指令内訓　現行類聚大日本六法類編 刑法・治罪法	玉乃世履、三島毅、加太邦憲、小松恒	978-4-7972-7275-8	71,500 円	65,000 円
1165	國家哲學	浮田和民、ウィロビー、ボサンケー	978-4-7972-7277-2	49,500 円	45,000 円
1166	王權論 自第一册至第五册	ロリュー、丸毛直利	978-4-7972-7278-9	55,000 円	50,000 円
1167	民法學説彙纂 總則編〔第一分冊〕	三藤久吉、須藤兵助	978-4-7972-7279-6	44,000 円	40,000 円
1168	民法學説彙纂 總則編〔第二分冊〕	三藤久吉、須藤兵助	978-4-7972-7280-2	66,000 円	60,000 円
1169	民法學説彙纂 物權編〔第一分冊〕	尾﨑行雄、松波仁一郎、平沼騏一郎、三藤卓堂	978-4-7972-7281-9	93,500 円	85,000 円
1170	民法學説彙纂 物權編〔第二分冊〕	尾﨑行雄、松波仁一郎、平沼騏一郎、三藤卓堂	978-4-7972-7282-6	55,000 円	50,000 円
1171	現行商法實用	平川橘太郎	978-4-7972-7284-0	44,000 円	40,000 円
1172	改正民法講義 總則編 物權編 債權編 親族編 相續編 施行法	細井重久	978-4-7972-7285-7	88,000 円	80,000 円
1173	民事訴訟法提要 全	齋藤孝治、緩鹿實彰	978-4-7972-7286-4	58,300 円	53,000 円
1174	民事問題全集	河村透	978-4-7972-7287-1	44,000 円	40,000 円
1175	舊令参照 罰則全書〔第一分冊〕	西岡逾明、土師經典、笹本栄蔵	978-4-7972-7288-8	66,000 円	60,000 円
1176	舊令参照 罰則全書〔第二分冊〕	西岡逾明、土師經典、笹本栄蔵	978-4-7972-7289-5	66,000 円	60,000 円
1177	司法警察官必携 罰則大全〔第一分冊〕	清浦奎吾、田邊輝實、福田正已	978-4-7972-7291-8	49,500 円	45,000 円
1178	司法警察官必携 罰則大全〔第二分冊〕	清浦奎吾、田邊輝實、福田正已	978-4-7972-7292-5	57,200 円	52,000 円
1179	佛郎西和蘭陀ノテール〔公証人〕規則 合卷	黒川誠一郎、松下直美、ヴェルベツキ、ラッパール、中村健三、杉村虎一	978-4-7972-7294-9	71,500 円	65,000 円
1180	公證人規則釋義・公證人規則釋義 全	箕作麟祥、石川惟安、岸本辰雄、井本常治	978-4-7972-7295-6	39,600 円	36,000 円
1181	犯罪論	甘糟勇雄	978-4-7972-7296-3	55,000 円	50,000 円
1182	改正刑法新論	小河滋次郎、藤澤茂十郎	978-4-7972-7297-0	88,000 円	80,000 円
1183	現行刑法對照改正刑法草案全説明書・改正草案刑法評論	辻泰城、矢野猪之八、關内兵吉、岡田朝太郎、藤澤茂十郎	978-4-7972-7298-7	61,600 円	56,000 円
1184	刑法修正理由 完	南雲庄之助	978-4-7972-7299-4	50,600 円	46,000 円

別巻　巻数順一覧【1106～1146巻】

巻数	書　名	編・著・訳者　等	ISBN	定　価	本体価格
1106	英米佛比較憲法論　全	ブートミー、ダイセイ、岡松參太郎	978-4-7972-7210-9	33,000円	30,000円
1107	日本古代法典(上)	小中村清矩、萩野由之、小中村義象、增田于信	978-4-7972-7211-6	47,300円	43,000円
1108	日本古代法典(下)	小中村清矩、萩野由之、小中村義象、增田于信	978-4-7972-7212-3	71,500円	65,000円
1109	刑政に關する緊急問題	江木衷、鵜澤總明、大場茂馬、原嘉道	978-4-7972-7214-7	39,600円	36,000円
1110	刑事訴訟法詳解	棚橋愛七、上野魁春	978-4-7972-7215-4	88,000円	80,000円
1111	羅馬法 全	渡邉安積	978-4-7972-7216-1	49,500円	45,000円
1112	羅馬法	田中遜	978-4-7972-7217-8	49,500円	45,000円
1113	國定教科書に於ける法制経済	尾﨑行雄、梅謙次郎、澤柳政太郎、島田俊雄、粱轍	978-4-7972-7218-5	71,500円	65,000円
1114	實用問答法學通論	後藤本馬	978-4-7972-7219-2	77,000円	70,000円
1115	法學通論	羽生慶三郎	978-4-7972-7220-8	44,000円	40,000円
1116	試驗須要 六法教科書	日本法律學校内法政學會	978-4-7972-7221-5	77,000円	70,000円
1117	試驗須要 民法商法教科書	日本法律學校内法政學會	978-4-7972-7222-2	77,000円	70,000円
1118	類聚罰則大全〔第一分冊〕	松村正信、伊藤貞亮	978-4-7972-7223-9	60,500円	55,000円
1119	類聚罰則大全〔第二分冊〕	松村正信、伊藤貞亮	978-4-7972-7224-6	55,000円	50,000円
1120	警務實用	髙﨑親章、山下秀實、奥田義人、佐野之信、和田鋹三郎、岸本武雄、長兼備	978-4-7972-7226-0	66,000円	60,000円
1121	民法と社會主義・思想小史 全	岡村司	978-4-7972-7227-7	82,500円	75,000円
1122	親族法講義要領	岡村司	978-4-7972-7228-4	39,600円	36,000円
1123	改正民法正解 上巻・下巻	磯部四郎、林金次郎	978-4-7972-7229-1	55,000円	50,000円
1124	登記法正解	磯部四郎、林金次郎	978-4-7972-7230-7	44,000円	40,000円
1125	改正商法正解	磯部四郎、林金次郎	978-4-7972-7231-4	55,000円	50,000円
1126	新民法詳解 全	村田保、鳩山和夫、研法學會(小島藤八、大熊實三郎、光信壽吉)	978-4-7972-7232-1	88,000円	80,000円
1127	英吉利内閣制度論・議院法改正資料	H・ザフェルコウルス、I・ジェニングス、國政研究會	978-4-7972-7233-8	38,500円	35,000円
1128	第五版警察法規 全〔上篇〕	内務省警保局	978-4-7972-7234-5	55,000円	50,000円
1129	第五版警察法規 全〔下篇〕	内務省警保局	978-4-7972-7235-2	77,000円	70,000円
1130	警務要書 完	内務省警保局	978-4-7972-7237-6	121,000円	110,000円
1131	國家生理學 第一編・第二編	佛郎都、文部省編輯局	978-4-7972-7238-3	77,000円	70,000円
1132	日本刑法博議	林正太郎、水内喜治、平松福三郎、豊田鉦三郎	978-4-7972-7239-0	77,000円	70,000円
1133	刑法新論	北島傳四郎	978-4-7972-7240-6	55,000円	50,000円
1134	刑罰及犯罪豫防論 全	タラック、松尾音次郎	978-4-7972-7241-3	49,500円	45,000円
1135	刑法改正案批評 刑法ノ私法観	岡松參太郎	978-4-7972-7242-0	39,600円	36,000円
1136	刑法合看 他之法律規則	前田良弼、蜂屋玄一郎	978-4-7972-7243-7	55,000円	50,000円
1137	現行罰則大全〔第一分冊〕	石渡敏一、堤一馬	978-4-7972-7244-4	88,000円	80,000円
1138	現行罰則大全〔第二分冊〕	石渡敏一、堤一馬	978-4-7972-7245-1	66,000円	60,000円
1139	現行民事刑事訴訟手續 完	小笠原美治	978-4-7972-7247-5	38,500円	35,000円
1140	日本訴訟法典 完	名村泰蔵、磯部四郎、黒岩鐵之助、後藤亮之助、脇屋義民、松井誠造	978-4-7972-7248-2	66,000円	60,000円
1141	採證學	ハンス・グロース、設楽勇雄、向軍治	978-4-7972-7249-9	77,000円	70,000円
1142	刑事訴訟法要義 全	山﨑恵純、西垣為吉	978-4-7972-7250-5	44,000円	40,000円
1143	日本監獄法	佐藤信安	978-4-7972-7251-2	38,500円	35,000円
1144	法律格言釋義	大日本新法典講習會	978-4-7972-7252-9	33,000円	30,000円
1145	各國ノ政黨〔第一分冊〕	外務省欧米局	978-4-7972-7253-6	77,000円	70,000円
1146	各國ノ政黨〔第二分冊〕	外務省欧米局	978-4-7972-7254-3	77,000円	70,000円